U0837998

Think tank 智库

重庆综合经济研究文库

分析宏观形势 · 预测区域发展 · 提供决策服务 · 建设一流智库

成渝地区双城经济圈一体化发展研究

易小光
丁　瑶　等著
苟文峰

中国经济出版社
CHINA ECONOMIC PUBLISHING HOUSE
北　京

图书在版编目（CIP）数据

成渝地区双城经济圈一体化发展研究／易小光等著. --北京：中国经济出版社，2021.8
ISBN 978-7-5136-6584-1

Ⅰ.①成… Ⅱ.①易… Ⅲ.①区域经济一体化-研究-成都、重庆 Ⅳ.①F127.711②F127.719

中国版本图书馆 CIP 数据核字（2021）第 165765 号

策划编辑 姜 静
责任编辑 郑 潇
责任印制 马小宾
封面设计 久品轩

出版发行 中国经济出版社
印 刷 者 北京中石油彩色印刷有限责任公司
经 销 者 各地新华书店
开 本 710mm×1000mm 1/16
印 张 9.75
字 数 150 千字
版 次 2021 年 8 月第 1 版
印 次 2021 年 8 月第 1 次
定 价 78.00 元
广告经营许可证 京西工商广字第 8179 号

中国经济出版社 **网址** www.economyph.com **社址** 北京市东城区安定门外大街 58 号 **邮编** 100011
本版图书如存在印装质量问题，请与本社销售中心联系调换（联系电话：010-57512564）

课题组成员名单

课题组组长

易小光　重庆市综合经济研究院院长、研究员

课题组副组长

丁　瑶　重庆市综合经济研究院总经济师、研究员

课题组技术负责人

苟文峰　统筹城乡发展研究中心主任、副研究员

成　员

李　林　城市与区域发展研究室主任、副研究员

赵炜科　统筹城乡发展研究中心副主任、高级经济师

汪　婧　城市与区域发展研究室副主任、助理研究员

郑秋霞　城市与区域发展研究室研究实习员

序 言

2020年1月3日，习近平总书记主持召开中央财经委员会第六次会议，强调要推动成渝地区双城经济圈建设，在西部形成高质量发展的重要增长极。推动成渝地区双城经济圈建设是习近平总书记亲自谋划、亲自部署、亲自推动的重大国家战略，是以习近平同志为核心的党中央着眼中华民族伟大复兴战略全局和世界百年未有之大变局，推动形成高质量发展区域经济布局的重大战略决策①，是成渝地区当前和未来一段时期的一项重大政治任务。成渝地区双城经济圈地处我国西部和长江上游，是“一带一路”和长江经济带联动协同发展的战略支撑点，也是我国国防安全和生态安全的战略承载区。按照党中央战略部署和要求，适应国内外经济地理格局变化，更好地发挥成都、重庆两大国家中心城市规模经济聚集要素和辐射带动作用，全面推动成渝地区一体化发展体制创新，加快实现一体化协同发展，进一步促进各类要素自由、高效流动和有序集聚，快速提升成渝地区在新发展格局中的位势，既是更好地贯彻落实习近平总书记对重庆提出的“两点”定位、“两地”“两高”目标、发挥“三个作用”和推动成渝地区双城经济圈建设系列指示精神的客观要求，也是加快建设成为具有全国影响力的重要经济中心、科技创新中心、改革开放新高地、高品质生活宜居地，努力在西部形成高质量发展的重要增长极的核心举措。

① 易小光．大力推动成渝地区双城经济圈一体化发展[J]．今日重庆，2020(06)：17－19.

目 录

第二篇　区域一体化发展实践：政策和案例

第三篇 推动成渝地区双城经济圈发展：历程和基础

第四篇 推动成渝地区双城经济圈一体化发展：思路和路径

第一篇

区域一体化发展：概念和理论

区域一体化是全球化进程中的一个重要阶段和表现形式，也是各国、各地区应对全球化挑战的一个重要手段，对实现各国乃至全球的可持续发展具有非常重要的意义。经过长期的发展，区域一体化形成了丰富概念、内涵和理论基础，对区域一体化实践具有重要指导意义。

第一章 区域的概念及发展、演化

"区域"是一个普遍的概念，不同学科对其定义有所不同。社会学将人类具有某种相同社会特征的聚居社区视为一个区域，地理学将地球表面的一个地理单元看作一个区域，经济学则将经济上相对独立的经济单元作为一个区域。本章将重点从地理学和经济学角度来辨析区域的概念及其发展、演化过程。

第一节 相关概念辨析

城市、中心城市、都市圈和城市群都是与区域相关的概念。城市、中心城市都是区域的重要组成部分，都市圈和城市群是区域的表现形式。

一、城市

"城"在中国古代是一种防御性的构筑物，主要用于防御敌方侵袭。《管子·度地》记载"内之为城，城外为廓""城者，筑城以卫君，造廓以守民"。"市"是商品交易的地方。《周易·系辞下》中写到"日中为市，致天下之民，聚天下之货，交易而退，各得其所"。人们在特定的地点按照特定的时间相互交易，形成集市。随着古代商贸业的发展，集市主要设在人口较为集中的"城"中，这时真正意义上的"城市"产生。《周礼·考工记》记述了周代王城建设的空间布局情况，其中提到"左祖右社，前朝后市"。"城"

与“市”在古代王城的建设中布局在一起。军事防御、商品交易、宗教祭祀是古代城市最基本的职能。

随着历史的发展和社会的进步，城市的职能更加多元，城市的内涵和形态也截然不同。现代的城市是人类经济社会活动高度集聚的地域，是一个与乡村相对的概念，即非农产业和非农人口集聚形成的较大居民点（包括按国家行政建制设立的市、镇）。按照人口规模大小，可将城市划分为世界级城市、大城市、中等城市、小城市等不同能级的城市。按照国务院印发的《国务院关于调整城市规模划分标准的通知》（国发〔2014〕51 号），我国以城区常住人口数量为统计口径，把城市分为五类七档，即小城市（包括Ⅰ型小城市和Ⅱ型小城市）、中等城市、大城市（包括Ⅰ型大城市和Ⅱ型大城市）、特大城市和超大城市（见表 1－1）。

表 1－1　按城市规模对城市进行分类

类别		依据
小城市	Ⅰ型小城市	城区常住人口在 20 万人以上 50 万人以下的城市
	Ⅱ型小城市	城区常住人口在 20 万人以下的城市
中等城市		城区常住人口在 50 万人以上 100 万人以下的城市
大城市	Ⅰ型大城市	城区常住人口在 300 万人以上 500 万人以下的城市
	Ⅱ型大城市	城区常住人口在 100 万人以上 300 万人以下的城市
特大城市		城区常住人口在 500 万人以上 1000 万人以下的城市
超大城市		城区常住人口在 1000 万人以上的城市

二、中心城市

中心城市的概念源于“中心地理论”。该理论为德国城市地理学家 W. 克里斯塔勒在冯·杜能和 A. 韦伯的区位论影响下，于 1933 年在《德国南部中心地原理》一书中提出。随后，又涌现了以马克·杰斐逊为代表创造的首位分布理论，以弗里德曼为代表创造的“核心—边缘”理论，以佩鲁和布德维尔为代表创造的增长极理论和以陆大道为代表创造的点轴开发理论。这些理论从不同的角度和领域对区域中心城市的形成条件、形成机理和功能进行了阐释。在现代信息技术快速革新背景下和城市发展实践的带动下，区域中心城市概念和内涵不断拓展、丰富和完善。

一般认为，中心城市通常具有以下两层含义：从区域角度看，中心城市区位优势突出、自然文化资源富集，在区域中扮演着经济组织者、创新策源者、信息中枢、示范龙头、要素扩散者等的重要角色，是能带动区域发展的行政社会组织和经济组织的统一体，也是区域空间网络体系中的首位城市、经济中心、政治中心。从经济角度看，中心城市是一定地域范围内经济首位度和要素集中度较高的城市，具备较为完善的产业链条和市场体系、产业组织体系，其经济吸引力和辐射力能够达到与其有经济内在联系的和与其地域相邻的若干周边区域，表现为人口、物质、技术、资金、信息等各种资源要素在空间上的高效流动。

中心城市通常具备政治中心、产业集聚、科教文卫、商贸物流、信息交通枢纽、金融服务等部门或功能，能有效组织区域经济活动。按照中心城市在区域中所发挥的功能差异，中心城市可分为政治经济中心城市、政治文化中心城市、单一特色经济功能的中心城市和综合性经济中心城市。根据中心城市的空间影响范围，中心城市可分为国家中心城市、省级区域中心城市、省级以下区域中心城市。

专栏1-1　中心城市的分类

中心城市根据其所承担的主要区域功能划分为四类：一是政治经济中心城市，其在区域发展中发挥着重要的经济、政治组织功能，既是经济中心也是政治中心。通常很多国家的首都都属于这类中心城市。二是政治文化中心城市，一般指历史文化悠久、政治文化功能较强但经济功能不突出的城市，如美国华盛顿是美国首都，但其区域经济辐射能力不及纽约。三是具备单一特色经济功能的中心城市，通常既不是经济中心也不是政治中心，但能在某一领域带动区域发展，如丽江、海口等城市是区域旅游中心城市。四是综合性经济中心城市，指具备多经济功能的城市，产业门类齐全，如上海既是国际金融中心，也是国际航运中心，具有较强的国际影响力。

中心城市根据其所影响的地域空间范围大小划分为三类：一是国家中心城市，如京津冀、粤港澳大湾区、长三角、成渝地区双城经济圈、环渤海湾、关中平原城市群、长江中游城市群等区域城市群（经济圈）催生了北京、天津、上海、重庆、广州、成都、武汉、西安、郑州等国家中心城市。它们在各自区域范围内既是产业发展的组织者、科技创新的引领者，也是改革开放的先行者和区域发展的带动者。二是省级区域中心城市，如杭州、宁波是长三角经济区南翼的中心城市，承担着辐射带动浙江及周边省（市）的重任和使命。南京是长江下游重要的中心城市和江苏省省会城市，既要参与长江下游和长三角区域合作，也担负着带动江苏省域发展的责任。三是省级以下区域中心城市，包括省级行政区内局部地区发挥核心作用的中心城市、省际交界地带的边区中心城市等。前者如泸州市，是川南经济区的中心城市；后者如贵州省铜仁市，打造了湘、渝、鄂、黔四省（市）边区中心城市。

三、都市圈

在中国历史上早就有"都市圈"建设，尤其是首都圈。《汉书·地理志》曾提到以王畿为中心，以五百里为一区划，由远及近依次是甸服、侯服、绥服、要服、荒服，分别规定不同的任务，形成严密的首都圈。而"都市圈"的概念最早起源于日本，20 世纪 50 年代，日本行政管理厅提出都市圈是以一日为周期，可以接受城市某一方面功能服务的地域范围，中心城市的人口规模需在 10 万人以上。此时，都市圈的本质内涵就是一日生活圈或通勤圈。随着城市的发展，日本又提出了"大都市圈"的概念，即中心城市是由中央指定或人口规模在 100 万人以上，周边拥有多个常住人口超过 50 万人的中小卫星城市，同时周边城市到中心城市的通勤人口数量不低于周边城市人口数量的15%，货运量不低于货运总量的25%。20世纪90年代以后，国内学者和政府部门结合我国城市发展的特点，从不同角度对都市圈的内涵和功能进行了概括，基本认识是一致的。都市圈是城市群的一部分，由一个或多个中心城市及其辐射范围内的城镇组成，中心城市与周围城镇之间有密切的经济、社会联系，并且在发挥功能上相互协作，是具有较强一体化趋向的区域（见表1-2）。

表1-2　国内学者和政府部门对都市圈的定义

学者/机构	定义
张京祥（2001）	指由一个或多个核心城市以及与核心城市具有紧密经济社会联系的具有一体化倾向的区域构成的圈层式结构
皱军（2001）	是以空间联系作为主要考虑特征的功能地域概念，有单核心都市圈和多核心都市圈两种形式，是城市群的一种空间表现形式
杨涛（2002）	是由强大的中心城市及其周边临近城镇和地域共同组成的高强度密切联系的一体化区域
袁家冬（2006）	是以中心城市职能的空间集聚与扩散为条件，由中心城市与多个周边城市和地区共同构成的，以城市中人们日常生活圈的空间范围为界限的一个多核心的一体化的城市实体地域
谢守红（2008）	是一个具有综合功能的特大城市，以其强大的扩散辐射功能带动周边大、中、小城市发展，从而形成具有一体化特征的城市功能区
张鹏（2009）	即城市化发展到一定阶段，在一个经济较发达的区域内，以一个或少数几个首位度较高的中心城市，连同其辐射到的周边次级城市、城镇、农村等腹地所组成，通过日益强化的经济联系，相互依赖，逐渐形成一体化的具有人口优势、产业优势、对外开放的区域范围
国家发展改革委（2019）	城市群内部以超大、特大城市或辐射带动功能强的大城市为中心、以一小时通勤圈为基本范围的城镇化空间形态

都市圈的发展经历了由低级到高级的演化，内部城镇体系逐步完善，城镇联系更加紧密，形成了分工协作的发展格局。整体上看，都市圈的发展大致可划分为雏形期、成长期和成熟期三个阶段。一般来说，发展较为成熟的都市圈通常具备经济引领、要素集聚、对外交往、综合枢纽、宜居宜业、创新策源、形象展示等典型功能，不但是本地（省或市）经济高质量发展的核

心引擎，也是国家推动区域协调发展的重要载体，同时也是国家在全球范围内参与市场竞争和传播国家形象的典型代表者。

专栏 1－2　都市圈发展的三个阶段

雏形期：区域内占据区位、产业、政策等优势的城市不断从周边集聚要素和资源，逐步发展成为区域中心城市，成为准都市圈的核心城市。此时，由于城镇化水平较低、城镇体系及相关基础设施建设均不完善，核心城市与周围城市的经济、社会联系较弱。这一阶段，政府通常以培育都市圈为目标，加快完善核心城市功能配套设施，推动资源要素集中集聚，提升核心城市综合实力。同时，通过完善区域交通基础设施，促进其空间形成单核放射状结构。

成长期：随着核心城市生产、生活成本的增加，产业集聚出现“不经济”现象。核心城市的部分职能、产业以及人口等开始向都市圈内其他地区扩散，原本经济基础较好的城市在接受核心城市功能和要素转移之后，逐步发展成为都市圈的次中心城市。这一阶段，政府通常以发展都市圈为目标，统筹推进都市圈内外设施互联互通、产业互补协作、公共服务共建共享、生态环境共保共治等，在空间上形成梯度式发展的圈层放射状结构，促进都市圈各区域一体化发展。

成熟期：随着都市圈内交通网络日益完善，核心城市、次中心城市和其他城镇之间联系显著增强，要素配置、物质生产和产品流动高效有序，都市圈的整体发展处于协调状态。这一阶段，都市圈一体化发展水平显著提升，具有整体吸引外部资源的优势、整体适应外部变化的能力和整体自我新陈代谢的能力。

四、城市群

城市群的概念起源于 1957 年法国地理学家戈特曼提出的大都市带说（Megalopolis）。他认为大都市带是大都市沿着特定的交通轴线集聚而成的多核心城市体系，产业高度集中，城市地域相互蔓延，城市紧密联系，人口规模在2500万人以上，人口密度超过250人/平方千米。1978年，戈特曼按照这个标准指出世界上有六大城市群，分别是美国东北部大西洋沿岸城市群、日本太平洋沿岸城市群、欧洲西北部城市群、北美五大湖城市群、英伦城市群和长三角城市群。这些城市群均具有良好的地理区位、政治经济的中心、带状或网络状的空间结构等特征，且有超级城市或国际港口作为增长极。

国内关于城市群的研究起步较晚。于洪俊、宁越敏（1983）最先将戈特曼的大都市带的思想引入中国，引起了国内学者对城市群的研究。1992年，姚士谋在《中国的城市群》一书中首次对中国城市群进行了系统的研究，并将城市群定义为在特定的地域范围内具有相当数量的不同性质、类型和等级规模的城市，依据一定的自然环境条件，以一个或两个超大或特大城市作为地区经济的核心，借助现代化的交通工具和综合运输网，以及高度发展的信息网络，强化城市个体之间的内在联系，由此共同构成一个相对完整的城市“集合体”。姚士谋这个关于城市群的定义是影响最为广泛的城市群概念。全球化、信息化与区域一体化发展背景下，城市群成为区域发展的空间组织形态。随着我国深入实施区域协调发展战略和新型城镇化战略，城市群已经成为我国区域经济一体化发展的主体形态。京津冀城市群、长三角城市群、粤港澳大湾区和成渝地区双城经济圈建设均已上升为国家战略。

专栏1-3　城市群的内涵特征

城市群的内涵包括以下几个方面内容：一是以一个或几个辐射带动能力强的大城市为中心。通常拥有一个核心城市和多个次级中心城市。核心城市作为区域经济发展的增长极，拥有强大的集聚扩散能力，在提升城市群综合实力和竞争力过程中扮演重要的角色。次级中心城市综合经济实力较强，发挥承接核心城市功能和传递要素的功能，辐射引领城市群内中小城市发展。二是城市群结构、规模合理。城市群是在地域上集中分布的若干特大城市和大城市集聚而成的庞大、多核心、多层次的城市集团。城市结构和规模等级合理有助于资源要素的集聚效应最优化，中心城市的辐射效应的效果最大化，进而推动城市群可持续发展。三是内部城市（镇）存在密切的内在经济联系。城市群内各城市功能完善、协同互补，经济联系紧密。城市之间人流、物流、资金流、信息流等要素交换频繁、充分流动，城市彼此依存和相互支撑，协同发展，构成一个密不可分的完整网络。四是基于交通、以交通为核心的基础设施建设的一体化。良好的交通是城市群形成的前提条件和基础支撑。通常城市群内基础设施体系与城市群的空间结构是相互融合的，公路、铁路、水运、空运的立体交通体系发达。城镇群内大型市政基础设施实现同城化建设，大型公共服务设施实现服务全域的功能。

第二节 区域的概念及形成条件

对“区域”的研究由来已久，但国内外研究学者对区域的定义尚未完全统一。区域的形成条件通常是具有良好的自然区位、完善的基础设施网络体系和较高的资源承载能力等。

一、区域的概念

1933 年，克里斯泰勒提出了“中心地理论”，为结点区域论的基本内容的提出奠定了基础，结点区域是城镇与其周围腹地在不对称的相互作用中形成的地域系统。胡佛（1971）认为，区域是基于描述、分析、管理、计划或制定政策等目的而作为应用性整体加以考虑的一片地区。19 世纪中叶，德国地理学家阿尔夫雷德·赫特纳（1983）认为，区域是形态上具有内部性质相对一致性，而外部差异性最大的地表连续的地段或形态。贝伦斯（2007）指出，区域是内部具有相似性或者内部联系如货物流动和要素流动比较密切的空间范围。

国内对区域的定义尚不统一。陈传康（1986）认为，区域是根据某个或某几个特定指标划分出来的一个连续而不分离的空间。程必定（1989）认为，区域是人的经济活动造成的、具有特定的地域构成要素的不可无限分割的经济社会综合体。郝寿义等（2001）则认为，区域是便于组织、计划、协调、控制经济活动而以整体加以考虑的，并在考虑行政区划基础上的一定空间范围。安虎森（2004）提出，区域是指能够独立地生存和发展、具有比较完整的经济结构、能够独立组织与其他区域经济联系的空间组织。吴传清（2008）指出，区域是指同一范围内在经济上具有同质性和内聚性，具有一定的共同利益，经济结构比较完整且在全国专业化分工上分担一定职责的地域空间。

国内外学者从不同角度给予了区域不同的定义。基于学者们的研究，我们认为，区域通常是指以一定的地理范围为载体，具有组织区内经济活动和建立区外经济联系的能力，由一个以上辐射带动能力较强的中心城市、一定数量的中小城镇及广大乡村地区所组成的空间范围。

二、区域的形成条件

区域是在一定条件下形成的由不同规模城、镇及乡村所构成的空间范围。一般而言，能形成城市群中有序发展的区域具备以下三点必要条件。

一是具备良好的自然区位。每一个区域都具有特定的地理环境条件，并对区域发展具有深刻的影响。不同区域因地理环境不同，人们的生产生活的习惯和特点也会有所差异，区域的发展方向、发展水平等也会存在差异。气候适宜、水源充足、地形地貌相对平坦的地区更适应区域经济社会发展，更能推动区域人口、产业等要素集聚，形成大城市辐射带动周边小城镇及农村地区发展的城市群格局。

二是拥有以交通、信息为核心的基础设施网络体系。互联互通、完善高效的基础设施网络是区域发展的必要硬件基础，对区域的空间格局形成和优化具有重要的塑造作用。区域内各节点城市（镇）通过高度发达、便捷的网络化交通、信息等基础设施实现人流、物流、信息流等要素的城际间流通和交易成本的降低，依托网络化设施体系构筑网络化、一体化的经济社会发展内在联系，与区域外城市（镇）建立开放合作的发展关系。

三是具有与区域发展规模相匹配的资源环境承载力。资源环境承载力是生态系统所提供的资源和环境对人类社会系统良性发展的一种支持能力。土地、水系、森林、矿产等生态资源和环境是区域发展的物质根基，明显影响着区域的形成和发展。区域的一切经济社会活动必须要尊重自然、顺应自然，在区域资源环境承载力范围之内开展，才能实现良性、持久的可持续发展。

第三节 区域发展阶段的理论解构

纵观东京都市圈、纽约都市圈、京津冀城市群、长三角城市群等国际国内较发达的区域形成与发展情况，从空间上来看，区域的演化一般会经历“点—轴—网”三个阶段的过程，即“单体城市点状发展—城市间沿交通轴线状发展—城市间网络化发展”三个阶段。

单体城市点状发展阶段。少数区位条件较好、资源禀赋优良的地区人口、产业等要素不断集聚，基础设施、公共服务等建设集中配套，逐渐形成了城市。起初，城市发育程度不高、规模较小，处于孤立发展阶段，对其他城市而言是相对独立的，对周边地区的吸引力和辐射带动作用极为有限。随着工业化的推进，综合条件较好的城市经济实力不断增强，逐渐成为地区经济的增长极。城市的极化和扩散效应显现，生产要素不断向极点集聚，城市的人口规模、用地规模、经济规模不断扩大，功能逐步完善，对周边地区辐射能力进一步增强，这些城市成为区域的中心城市。

城市间沿交通轴线状发展阶段。城市发展到一定规模后，极化效应削弱，扩散效应加强，节点之间联系强度增大，随着重要交通干线如公路、铁路、河流航线的建立，地区间人流、物流、信息流的交换更加频繁，生产、运输、销售成本降低，逐步形成了节点之间的分工协作。区域内不再仅存有一个中心城市，而是形成了多个次中心城市和若干小城市。从东京都市圈、巴黎都市圈、纽约都市圈等国际大都市圈的发展演变来看，交通基础设施的联通形成了中心城市的拓展轴，引导中心城市与外围中、小城市建立紧密联系的机制，加深了城市间的政治、经济往来，促进区域范围不断扩张。

城市间网络化发展阶段。由于集聚和辐射效应，区域内形成了各个层级下的中心城市和次中心城市，而且出现了各类型城市的网状运行格局，重点发展轴线相对明显。随着区域内产业结构日趋合理、产业发展逐步协同，立体交通网络体系不断完善，城市间的联系密度和强度大幅提升，尤其是次中心城市与节点城市的核心优势和枢纽作用越发凸显，与上一级的中心城市、下一级的城镇联系更加紧密，进而推动整个区域高效、快速发展。多中心网络化结构是区域发展到成熟阶段最合理的空间结构，有利于推动人流和物流、经济流、信息流交互作用，形成均衡协调发展的城镇体系，提高区域综合竞争力。

在不同发展阶段，交通、产业、人口、市场、公共服务等基本构成要素的空间布局和空间联系也呈现明显的阶段性特征。单体城市点状发展阶段，交通以城市内部交通为主，产业以农牧业为主，人口呈散居特征，市场相对封闭，公共服务主要服务城市内部。城市间沿交通轴线状发展阶段，交通逐步形成放射性城际路网，产业中工业、服务业加快发展，人口开始沿交通等轴线布局，市场要素向外开放，公共服务向周边服务。城市间网络化发展阶段，交通形成了纵横交错的网络化格局，城市间产业分工协作，人口集聚度越来越高，市场趋于一体化发展，公共服务实现共建共享。城市群不同发展阶段特征见表 1 – 3。

表 1-3　城市群不同发展阶段特征

构成要素	单体城市点状发展阶段	城市间沿交通轴线状发展阶段	城市间网络化发展阶段
交通	以城市内部交通为主，城际间交通联系微弱	围绕中心城市形成放射性的城际交通路网，中心城市与其他城市的交通联系更加密切	形成多节点、“放射+环状”的城际网络化交通格局，任何两个城市节点形成了高频、高效的交通联系
产业	以农牧业为主，工业和服务业尚处在初级发展阶段，城市间产业竞争大于合作	工业、服务业快速发展，中心城市与周边小城市之间形成初步的分工体系	现代制造业和服务业成为主体产业形态，城际间形成相对完整的产业分工体系
人口	人口在国土空间上散居，农村人口居多	农村地区人口向交通轴线两侧的城市、城镇集聚	城市、城镇的人口集聚度越来越高
市场	城市市场保护现象严重，城际间市场分割，生产要素无法自由流通	中心城市与重要节点城市间市场合作和生产要素流通加强，但节点城市之间市场竞争较强，存在市场保护与市场分割	市场一体化，生产要素实现自由流通
公共服务	城市独立发展公共服务，服务供给“小而全”，缺少城际间的服务联系	部分重点城市间实现公共服务的连接和共享	城市间形成一体化的和功能相互支撑的公共服务供给体系，实现公共服务共享
生态和社会治理	单体城市治理	部分城市携手进行生态和社会治理	形成治理共同体

第二章　区域一体化的内涵、基本特征及主要动因

随着区域一体化研究的深入，其内涵也更加丰富，包括了空间、市场、产业、区域经济、制度等方面的一体化。在经济、社会和政治三方面因素的驱动之下，区域一体化进程加快。

第一节　区域一体化的概念和内涵

对区域一体化的研究源于 19 世纪末期，霍华德（Howard）是最早从区域的角度来研究城市问题的学者。1898 年霍华德在《明天：通往真正改革的和平之路》一书中，针对当时的大城市所面临的城市拥挤、卫生等问题，提出田园城市概念，并在《明日的田园城市》一篇中较为详细地阐述了“田园城市模式”，倡导“城乡一体”理念，构想建设一个新的兼有城市和乡村优点的理想区域。霍华德的理论设想是通过新建的组合群体的协调发展来新建城市，以解决大城市所产生的城市通病问题。Geddes（1915）在《进化中的城市》中运用综合规划的方法对城市的演化形态进行了研究，预见性地提出了“集合城市”等城市演化形态的概念。1943 年，Saarinen（1943）在《城市：它的发展、衰败和未来》中提出了“有机疏散”理论，强调城市的发展应遵循从无序的集中到有序的疏散的规律，对当时区域的形成和演化具有重要的指导和推动意义。随后，Friedmann（1986）等学者对城市一体化发展作了进一步研究，提出了城乡一体化区域的概念，发展了世界城市理论，强调了空间资

源和生态环境的重要性。至此，国外学者对区域一体化的研究全面展开。

关于区域一体化的内涵，国外学界并没有统一的界定，主要是围绕经济一体化的内涵展开研究。早在欧洲煤钢共同体的筹划阶段，经济一体化这一概念就被提出，但其界定并未统一。Triffin（1954）认为，经济一体化是要素市场、产品和服务市场的大集成过程，而任何一个经济一体化联盟的建立同时涉及机构、理论、政策上的统一。Meyer（1962）认为，经济一体化指完全消除商品、资本和劳动力在有关国家移动的所有人为限制，是一个过程，也是一种状态。总体而言，经济一体化是指成员国之间逐渐消除贸易障碍与生产要素的流动限制，使生产资源、商品与服务的市场逐渐合为一体的过程，由此可以得出经济一体化的基本特征即参与方为不同国家，其经济活动包括物质、人员和资金的流动，参与方之间形成一定的协调规则并设有永久性的协调机构。

相对于西方学术界，国内关于区域一体化的研究起步较晚。综合来看，区域一体化的概念有动态和静态两种视角的界定。赵勇、白永秀（2008）认为，区域一体化是城市化和城市区域化的必然结果，其本质是城市群的空间形态表现，具备设施同城化、市场一体化、功能一体化与利益协同化的特点。林森（2010）从动态视角将“区域一体化”界定成“区域内部的各个城市为了共同利益彼此加强协调合作，实现各城市间的分工协作，促进区域的共同发展和繁荣的过程”。冯更新（2013）认为，区域一体化现为城市经济联系日益紧密，产业分工与合作、交通与社会生活、城市规划和基础设施建设相互关联，要求规划、市场、基础设施、社会管理、城乡全面一体化。李琳（2017）基于静态视角，对区域一体化作了更具体的内涵界定，认为“区域一体化是指区域内各城市借助城际发达的交通、通信等基础设施网络和群内政府间的协作，促使商品、劳动力、资金、技术、信息等要素在各城市间自由流动，以及通过区域内产业部门结构和空间结构的演化，形成区域市场高度融合、产业关联高度紧密、地域空间组织高度集中的一种状态”。

从国内外关于区域一体化的内涵界定可以看出，区域一体化一方面体现为区域内不同城市间经济发展要素的流动、经济市场的融合，城市经济的联动发展；另一方面体现为区域内城市间的政府合作，即打破行政区域壁垒，制定和完善合作体制机制，实现公共服务共建共享、基础设施互联互通、生态环境共保共治等。因此，区域一体化是在区域经济一体化发展的基础上，伴随着区域工业化和经济现代化出现的一种必然现象，是区域生产力水平高度发展的重要体现。

综上所述，我们认为，区域一体化是指区域内各城市借助城际发达的交通、通信等基础设施网络和区域内政府间的协作，促使商品、劳动力、资金、技术、信息等要素在各城市间自由流动，以及通过区域内产业部门结构和空间结构的演化，形成区域市场高度融合、产业关联高度紧密、地域空间组织高度集中的一种形态。

整体上看，区域一体化的内涵表现为以下几个方面。

一是市场一体化。消除城市间要素流动和区域合作的障碍是推进区域一体化发展的微观基础。在市场经济条件下，由市场这只“无形的手”自发调节资源分配和商品供求，并通过平均利润调节资本在各生产部门的分布。只有打破要素在市场上自由流动的壁垒，建立完善的市场体系，才能实现要素市场的统一。市场一体化通常包括消费市场、资本市场、技术市场、人力资源市场、产权市场、文化市场等的一体化。

二是产业一体化。区域一体化的本质是在市场一体化的基础上实现城市各区域的产业分工与合作，使区域内产业结构合理化与高级化，以提升整体核心竞争力。产业一体化是实现区域一体化发展的核心，是区域一体化发展的内核驱动力。因此，应根据城市工业发展阶段和产业特征，加快构建合理的产业分工体系。根据垂直分工情况，加强处在不同梯次的城市之间的产业联系；根据互补性的水平分工，强化处在同一梯次的城市间的产业互补性。只有在坚持以市场为主导的机制下，各城市才会根据自身产业特色和优势找准产业定位，形成协作、互补的产业链及供应链体系，推动区域产业一体化发展。

三是空间一体化。区域空间组织是区域内部各城市要素在空间上的布局和组合，在流动中形成相互作用，引起空间集聚形态和程度的变化，是区域经济和社会结构在空间上的投影，作为区域经济运行的场所，凸显网络化联系的特征，可呈现不同的空间结构。当区域一体化高度发展时，必然会导致城市地域空间组织的高度集中以及城市在空间形态上的聚集，从而形成多核心的星云状结构，充分发挥要素流动枢纽与创新孵化器的功能。因此，区域空间一体化是区域一体化发展的外在表征和重要载体。

四是制度一体化。规范各地政策和制度、实现区域制度化建设是区域一体化有序、规范发展的重要保障。特别是在区域一体化发展的初期，各级政府和非政府组织之间的调控机制尚未建立，区域管理体系、协调体系尚未形成，安排与建立支撑区域内城市顺利发展与合作的一系列制度显得尤为必要。

第二节　区域一体化的基本特征

区域一体化发展应该具备以下特征。

一是外部相对独立与内部高度开放。区域一体化是以不同性质、类型和等级规模的城市集合为载体，通过城际互动谋求整体利益提升的发展过程。相对于外部环境，区域内部的城市地域相邻、文化相亲、经济联系密切，对区域外的其他地方来说是一个相对独立的发展整体。相对于内部环境，各城市基于共创价值理念形成点对点、点对面高度开放的关系，实现区域内资源共享与优势互补。

二是设施同城化与网络交叉化。区域是在各城市强烈的交互作用下形成的特定地域空间上的城市集聚体，是由规模各异的城市相互连接而成的一种设施同城化的城市网络。区域城市结构体系具有扁平化、网络化的城市结构特征，这种网络化的城市结构特征与区域内城市之间产业高度分工与合作而形成的产业网络息息相关。也就是说，城市间产业联系是导致网络化城市结构出现的主要原因，特别是区域内城市优势产业集群相互作用，往往会导致产业组织网络化。

三是产业分工与协作合理化。区域内的城市由于地理位置邻近，有利于经济要素和经济主体的相互作用。相对于区域外城市而言，区域内各城市的市场联系紧密，表现为区域内城市呈现市场一体化和功能一体化特征。特别是在产业结构转换、升级背景下，中心城市与周边城市及腹地之间的要素流动加快，部分制造业产业向周边二级城市转移，助力城市间形成完善的产业分工与协作网络，推动区域产业集群化、一体化发展。

四是利益协同化与协调机制有效化。区域一体化发展目标是形成“1 + 1 >2”的“整体效应大于局部效应”的发展格局，实现区域内城市利益协同化。但是由于行政壁垒的阻碍，不仅存在中央政府与地方政府的博弈，而且存在地方政府之间的利益博弈。如果地方政府之间的竞争与基于产业联系所形成的城市群一体化趋势相悖，行政力量或市场管制将对区域的一体化进程和进一步发展形成制约，因此区域内城市的协调机制有效化对区域一体化发展尤其是市场一体化的实现起到决定性作用。

第三节　区域一体化的主要动因

共同利益的驱动是区域一体化的核心力量，这些利益分为经济、社会和政治等多个方面。

一是经济动因。在新的发展阶段，区域经济迎来新的发展机遇，在区域一体化的进程中，“融合—利益”关系已经被广泛接受。最核心的利益是经济利益，即区域内各城市企业迫切希望通过相互合作来实现自己市场的拓展和利益的最大化。因此，市场是区域形成和一体化发展的源动力，集聚与扩散、竞争与共生相互作用促进区域一体化。市场决定经济要素的流向以及其在特定地域上的集聚与扩散，在区域发展的不同时期发挥的作用也是有明显不同的。初期，集聚是主要的驱动力，中心城市凭借良好的产业环境和配套设施开始吸引区域内其他城市的资源和要素，使之成为带动区域发展的增长极和动力源。成长期，集聚、扩散是主要的驱动力，中心城市在集聚资源要素、壮大自身的同时，也开始在产业、技术、资金、人力等方面对其他地方产生扩散效应。成熟期，扩散是主要的驱动力，中心城市建设趋于饱和，开始向外转移部分产业功能，推动资源要素向承接地集聚。正是通过城市间的“集聚—扩散”效应，不同区域的城镇、产业空间布局优化，实现区域一体化发展。

二是社会动因。区域是指居民高度认同、地区完整、功能明确、内聚力强大的地域单元。资源禀赋、资源承载力是区域发展的重要基础支撑。地缘相近、人缘相亲、文缘相承、商缘相通是各区域深化合作、一体化发展的先导条件。历史文化是一个国家和民族的精神命脉，凝聚了国家和民族的智慧、情感、意志和追求。文化相通性、人文交流密切性能增强区域一体化发展的社会认同感和城际黏性。同时，除了历史文化相近，通过区域合作提升科技、教育、医疗卫生、文化、体育等公共事业发展水平的现实需求，也是推动区域一体化发展的重要社会动因。

三是政治动因。政府是城市规划、管理以及基础设施供给的主体，对区域的形成和发展、区域一体化发展具有重要的推动作用。政府作用于区域的形成行为主要有引导性行为和强化性行为两种。政府引导性行为是指政府通过建立健全协调机制、加强规划和政策制定、完善基础设施建设、优化营商环境等方式优化区域发展格局，引导市场主体抉择，推动区域健康可持续发展。区域内所有城市的政府都是实行引导性行为的主体，通过共同制定相应的协调机制以协调城市间产业布局、城市的发展与规划，以及城市交通运输、电力、通信等网络组织的建设等活动，促进区域一体化发展。政府的强化性行为是指政府通过行政管理手段决定城镇的设立及其区划范围，行政主管部门参与区域的组成与管理，区域内部同等级别的城市政府部门或官方性质的机构组织和协调区域的内部事务等。如今，区域内城市出现“你中有我，我中有你”的相互依赖态势。因此，只有加强区域内政府间的合作，才能逐步消减城市间的市场壁垒，打破行政壁垒，实现资源要素自由流动，推动经济、社会效益的互惠共荣，提升区域整体竞争力，促进区域一体化发展。

经济学理论认为，市场因外部性而失灵、政府因内部性而失灵，一般同时发挥市场和政府的作用可以最大限度地减少市场失灵和政府失灵，促进区域规模和体系的合理化，释放、发挥区域整体功能。社会动因关系着区域内人民群众在精神、生活等方面的切身利益的实现，能提高人们的积极性，加速推动区域一体化发展。

第三章　区域一体化实践的理论基础

区域分工与协作理论、大市场理论、共生理论、“中心—外围”理论、多中心治理理论等是区域一体化发展的重要基础理论，为区域一体化有序发展提供重要的指导。

第一节　区域分工与协作理论

区域分工与协作理论是社会分工理论在空间上的体现，最初用于分析国际分工与贸易，之后在区域经济学中被广泛运用于国内不同空间范围的区域协作，其中比较优势理论和资源要素禀赋理论是两块核心理论基石。

比较优势理论。比较优势理论从生产相对成本的视角阐述国际（区域）分工生产和经贸合作的必要性。如果一国（地区）生产某种商品的机会成本低于其他国家，则该国（地区）在该生产上具有比较优势。李嘉图认为，基于比较优势开展的分工和贸易有利于合作双方节约生产要素、降低生产成本、提高生产效率和生产利润，继而实现共赢发展。他鼓励那些在所有产品生产上都不具备绝对成本优势的国家或地区集中资源生产并交换其具有“比较优势”的产品，在产业分工和贸易交流中实现自身发展。

资源要素禀赋理论。资源要素禀赋理论从资源要素的角度扩充了比较优势的来源，其核心思想是：各区域所拥有的自然资源、劳动力、社会财富等生产要素禀赋条件存在天然差异，即生产要素供给存在异质性，这是各区域比较优势的基础来源，也是产生区域分工和贸易的基本原因。各区域应该基于各自要素禀赋情况、生产要素丰裕度高的商品，然后通过区域贸易交流获得比较利益。

第二节 大市场理论

大市场理论从规模经济效应、投资刺激效应、竞争促进效应等动态效应视角探讨了共同市场[①]对区域经济一体化的重要性，是跨国经济合作的基础理论，对国内跨区域合作也具有重要借鉴意义。

大市场理论鼓励一定区域范围内的不同经济体进行制度创新，打破阻碍劳动力、资金、技术等生产要素自由流通的制度壁垒，把因保护主义而被分割的小市场连接形成共同市场。统一大市场的建立提高了资源的配置效率，有利于各经济体形成更加高效的专业化分工，推进规模化大生产，从而降低生产成本，获得规模经济递增效应。规模经济效应下的成本降低推动商品价格降低，刺激消费增加，消费增加反过来促进企业投资增加。此外，大市场下的激烈竞争将推动企业的优胜劣汰，最终出现一种良性循环。

第三节 共生理论

“共生”是生物学概念，由德国真菌学家德贝里于 1879 年提出，原意是指两种或多种不同生物之间形成的互利互惠关系。20 世纪 50 年代以后，共生理论逐渐被引用到经济学、社会学、管理学等多个学科。21 世纪以来，随着我国城市群建设的深入推进，共生理论逐渐成为指导城市群高质量发展的重

---

① 共同市场是指两个或两个以上的国家或经济体通过达成某种协议，不仅实现了自由贸易，建立了共同的对外关税，还实现了资本、劳动力和服务的自由流动的国际经济一体化组织。

要理论。

共生关系在行为方式角度上可分为寄生关系、偏利共生关系和互惠共生关系，在组织程度角度上可分为点共生、间歇共生、连续共生和一体化共生。刘荣增（2006）认为，合作与共赢是共生理论的本质特征。共生并非单元体自身性质和状态的丧失和相互替代，而是享受充分的独立性和自主性，彼此理解、相互配合，共同适应、共同发展，有着推动共生系统和个体不断进化的过程。共生也并非排斥竞争，而是强调从竞争中产生新的更有利的合作关系。马远军（2008）认为，城市共生关系的根本内涵和特征是功能上的分工互补性、个体之间的差异依赖性以及作用关系的支持协调性。区域演化是一个竞争与共生相互作用的过程，区域内城市的共生有利于构建合理的产业体系、城镇体系等，形成规模效益，实现区域外部竞争力整体提升。没有内部共生，区域就不可能具备外部竞争力，甚至会因为无序竞争而逐渐衰退。

第四节　“中心—外围”理论

“中心—外围”的概念最早由德国经济学家魏尔纳·桑巴特（Werner Sombart）于20世纪20年代提出，用于分析国际经济关系。20世纪60年代，美国城市学家约翰·弗里德曼从区域经济学的角度讨论了中心和外围的关系。

该理论将区域空间特征和经济发展阶段联系起来，其核心思想是：由于资源、市场、技术和环境等的区域分布差异的客观存在，在经济发展初始阶段，必然形成中心和外围的二元空间结构，生产要素从外围区向中心区净转移。当区域经济进入持续增长阶段，在市场和政府双重作用下，随着市场的扩大、交通条件的改善和城市化的加快，各生产要素从中心区流入外围区，中心和外围的界限将逐渐消失，各区域经济获得全面发展，空间经济逐渐向一体化方向发展。弗里德曼指出，政府在促进外围地区发展和区域一体化上起着重要作用。在“中心—外围”区域发展格局已经形成的情况下，市场机制趋向于强化这种结构，中心与外围的差距会进一步扩大。要缩小差距，实现区域均衡发展，必须依靠政府弥补市场机制的不足，通过“政府之手”在外围地区实施更为强劲和优惠的政策，如大力改善外围区域的交通、通信等基础设施条件，提供优惠税收政策等，促进生产要素的集聚，带动外围区域发展。

第五节　多中心治理理论

治理是一个政治社会学的概念，是指一个社会内包括政府在内的多个行为体处理共同事务的总和。在新公共管理的冲击下，传统的政府统治逐步被多元主体共同参与的治理所取代。以奥斯特罗姆为代表的制度分析学派提出了多中心治理理论，即在社会公共事务管理过程中，包括各级政府单位、政府派生实体、非政府组织、私营机构以及公民个人在内的许多决策中心在一定的规则约束下，以多种形式共同行使主体性权力。这种主体多元、方式多样的公共事务管理体制就是多中心体制。

多中心治理是一种功能性较强、以解决具体问题为主的治理模式，参与主体具有多层面性和多层次性。从纵向看，包括国家层次、省级层次、地级市层次、县级层次、乡镇层次等多个互动的层面。从横向看，包括政府、企业、利益集团、非政府组织等多个行为体的参与。通过横向和纵向的互动协调，就形成了网络化的治理结构。

第六节　理论启示

以上理论都对高质量推进区域一体化发展具有重要指导意义，具体来看如下。

第一，合理、高效分工协作是区域一体化发展的重要纽带。根据区域分工与协作理论，单元城市应正视要素禀赋、区位条件等自然差异性，立足各自比较优势进行产业分工协作，开展经贸交流，在区域整体经济实力提升中实现自身发展提升，汇聚更大的发展动能。区域一体化发展应深化区域内城市产业分工和联动机制，构筑辐射作用大、竞争力强的一体化产业链。

第二，破除市场分割，建立统一的商品及要素市场是区域一体化的核心。根据大市场理论，共同市场有利于实现区域内资源有效配置，扩大规模经济效应，增加和提升区域整体经济发展活力和实力。区域内各单体城市应摈弃地方保护主义思想，携手打破阻碍生产要素自由流动的行政壁垒，破除市场分割，统一税收、土地、社会保障等制度体系，加速形成共同市场，推动人才、财富、技术、信息等生产要素和商品在区域内无障碍自由流通。

第三，城市功能互补、互利共生是区域一体化的内在要求。共生理论揭示了区域内各城市子系统的共生发展有助于提高区域整体的核心竞争力，强调城际间要强化功能互补、错位发展，避免无序竞争，共谋崛起。区域一体化发展应促进大中小城市和小城镇在产业发展、城镇职能等方面的合理分工、功能互补，各城市应该兼顾自身独立性、自主性和区域整体发展效益性，在互利共生的基础上全领域、多角度地开展合作竞争，实现差异化共生、合作性共生。

第四，政府是区域一体化发展的重要推力。“中心—外围”理论强调了政府这支“有形之手”在推动外围地区发展和区域一体化上的重要作用。如果区域一体化发展光靠市场机制，可能会导致核心地区与外围的差距日益扩大。在发挥市场决定性作用的基础上，必须要重视政府力量，改善外围城市的发展条件，为市场机制更好地运作创造条件，弥补市场失灵缺陷。因此，区域内应加快建立、完善全方位的城际政府合作机制，通过构建良性的制度环境、合理的组织安排和完善的区域合作规则，共同解决区域性、关键性问题。

第五，多元主体“共治”是区域一体化的驱动力。多中心治理理论强调要发挥政府、企业、机构和个人的力量参与区域治理，在促进区域和谐、全面发展方面发挥积极的作用。区域一体化发展涉及生态环境共保共治、公共服务共建共享、突发应急事件共防共治等诸多方面，应充分调动多元治理主体的积极性和参与性，建立群防群治体制机制，为区域发展营造良好的环境。

第二篇

区域一体化发展实践：政策和案例

第二次世界大战以后，和平与发展成为全球主题，各国工业化、城镇化快速发展，以中心地为核心深化地域分工协作，在更大空间范围内配置、调动资源和进行生产力布局成为必然的和普遍的区域战略选择，区域一体化的空间组织形式成为国别经济和全球经济的重要空间形态。本篇将回顾新中国成立以来我国区域发展战略的演变情况，选择国内外起步较早、发展较为成熟、具有示范意义的区域一体化案例进行深入分析和研判，归纳、总结可资借鉴的成渝地区双城经济圈推进一体化发展的规律性经验、做法，借他山之石，琢自身之玉。

第四章　新中国成立以来我国区域发展战略演变

区域发展战略的提出，作为一种政府空间治理手段，属于上层建筑范畴，由经济基础决定。新中国成立以来，随着社会生产力由小到大、由弱变强，我国区域发展战略纵深演化。以区域发展总体导向为划分依据，以 1978 年改革开放和 1991 年《“八五”计划纲要》公布实施为分界线，我国空间发展战略演变历程大致可分为区域均衡发展、区域非均衡发展、区域协调发展三个阶段。必须说明的是，这三个阶段并非完全互不关联，区域发展战略之间存在重叠。

第一节　区域均衡发展战略：统筹工业化和国家安全，以工业西渐为重点的生产力空间均衡布局（1949—1978 年改革开放前）

1949 年新中国成立时，我国已积贫积弱多年，刚刚推翻压在人民头上的帝国主义、封建主义、官僚资本主义“三座大山”，社会生产力极度低下，民生凋敝、一穷二白，且沿海与内地两者发展可谓云泥之别，区域发展严重不平衡①，70% 的工业集中在北京、上海、天津等仅占全国 12% 国土面积的东

① 新中国成立后，政府依据各区域经济发展水平的一致性和差异性将全国划分为沿海和内地两大经济地带。其中，沿海指辽宁、河北、北京、天津、河南东部、山东、安徽、江苏、上海、浙江、福建、广东、广西，其他地区属于内地。

部沿海地区[①]，广大内陆地区尤其是西部地区现代工业基础几乎为零。一方面，1956 年召开的中国共产党第八次全国代表大会通过的《中国共产党第八次全国代表大会关于政治报告的决议》明确指出，当时我国社会的主要矛盾是“人民对于建立先进的工业国的要求同落后的农业国的现实之间的矛盾”，发展社会生产力迫在眉睫。另一方面，新中国成立初期，境内外敌对势力虎视眈眈，国家安全形势颇为严峻。尤其是20 世纪50 年代末期和60 年代早期，中国多面受敌，周边环境急剧恶化。中国和苏联因为国家利益和意识形态上的分歧从盟友关系变为敌对关系，北境局势紧张；美国政府对新中国采取敌视政策；印度、越南等周边国家与中国关系恶化，从西南面对新中国安全形成国际压力。

面对如此严峻的内忧外患，以毛泽东同志为核心的第一代领导人统筹权衡“尽快地从落后的农业国变为先进的工业国”以及边防安全、国际环境、备战的实际需要，作出了推动生产力在沿海与内地平衡布局的区域发展战略选择，推动工业企业向内陆地区尤其是西部地区迁移。在区域均衡发展战略思想指导下，三年国民经济恢复期（1949—1952 年）结束后，国家生产力布局尤其是投资先后于“一五”计划时期、“二五”计划时期和“三线建设”时期大规模向西推进[②]。

一、“一五”计划时期（1953—1957 年）

“一五”计划指出，“我国工业原来畸形地偏集于一方和沿海的状态，在经济上和国防上都是不合理的”“工业基本建设的地区分布，必须从国家的长远利益出发……在全国各地适当地分布工业的生产力，使工业接近原料、燃料的产区和消费地区，并适合于巩固国防的条件，来逐步地改变这种不合理

---

① 毛泽东．论十大关系[J]．文史哲,1976(04):8－25.

② 陈熙琳．国家战略嬗变记——建国以来国家区域政策变迁历程[J]．中国西部,2010(Z9):80－85.

的状态，提高落后地区的经济水平[①]”。因此，“一五”计划期间，我国工业布局方面的主要部署是，发挥和利用东北城市、上海等既有工业基础带动作用，加大内地工业布局力度，“逐步地把沿海城市的某些可能迁移的工业企业向内地迁移”。其间，苏联援助的156个工业项目中，在内地实施的有118个[②]，占项目总数的75%；限额以上的694个工业项目中，西部地区布局472个，占比68%[③]。

二、“二五”计划时期（1958—1962年）

第二个五年计划时期（1958—1962年）围绕优先发展重工业的中心任务，延续工业布局向内地推进、倾斜的区域均衡发展战略。《中国共产党第八次全国代表大会关于发展国民经济的第二个五年计划（一九五八——一九六二）的建议》提出，“在内地继续建立和积极准备建立新的工业基地，使全国各地区经济逐步走向平衡发展”，推进“西南、西北和三门峡周围地区以钢铁工业、水电站为中心的新工业基地的建设”，并加强西藏地区工业发展的准备工作。

三、“三线建设”时期（1964—1978年）

20世纪60年代，我国周边安全形势复杂、严峻，统筹经济建设与军事备战成为国家建设核心主线。国家根据经济发展基础和备战安全性，将全国省（市）划分为一、二、三线地区（俗称“大三线”），其中，“一线”指经济相对发达且处于国防前线的沿海沿边省（自治区、直辖市）；“三线”指甘肃省乌鞘岭以东、山西省雁门关以南、京广铁路以西和广东省韶关以北的广大地区，包括四川（含现在的重庆市）、云南、贵州、陕西、甘肃、青海、宁夏、

---

① 关于发展国民经济的第一个五年计划的报告[EB/OL]. http://www.gov.cn/test/2008-03/06/content_910770.htm.

② 张满银. 建国70年中国区域规划的回顾与展望[J]. 工业技术经济，2019，38(10)：6-13.

③ 张贡生. 中国区域发展战略之70年回顾与未来展望[J]. 经济问题，2019(10)：10-18.

河南、湖北、湖南、山西西部、广东北部、广西西北部[①]，共涉及13个省（自治区）；“一线”和“三线”之间的区域为二线地区[②]，一线地区和二线地区之间的山区腹地为“小三线”区域。出于对国内工业布局过于集中在沿海与大城市、容易遭到敌人袭击破坏的担忧，1964年毛泽东同志和党中央作出了“加快三线建设”的重要战略部署。1965年国家计委草拟的《关于第三个五年计划安排情况的汇报提纲》提出，“第三个五年计划必须立足于战争，从准备大打、早打出发，积极备战，把国防建设放在第一位，加快三线建设”，“使三线成为一个初具规模的战略大后方”，并要求“一、二、三线要互相促进”，“一、二线要充分发挥生产潜力，为三线建设出人、出技术、出材料、出设备”，可以说1966—1970年实施的第三个五年计划实质上是一个以“三线建设”为重点的备战计划[③]。“三线建设”启动于1964年，跨越“三五”“四五”“五五”三个五年计划时期，一直延续到1980年。其间，沿海多个工业项目以及学校、医院等配套单位机构向三线地区迁移，仅1964—1971年沿海地区向三线地区迁移工业项目就多达380个[④]。1964—1980年，国家对三线地区累计投资超过2000亿元，占近全国同期总投资的四成（见表4－1），是1949—1963年投资总和的3倍[⑤]；尤其是西南三省，作为最靠得住的后方[⑥]，累计投资额占三线总投资的27%。

---

① 李彩华，姜大云．我国大三线建设的历史经验和教训[J]．东北师大学报，2005(04)：85－91.

② 周明长．三线建设与中国内地城市发展(1964—1980年)[J]．中国经济史研究，2014(01)：142－151.

③ 1965年关于第三个五年计划安排情况的汇报提纲(草稿)[EB/OL]．https://news.ifeng.com/history/gongye/jiyi/guojia/200906/0607_6835_1191911.shtml.

④ 赵德鑫．中华人民共和国经济史(1967－1984)[M]．郑州：河南人民出版社，1989：183.

⑤ 仲海涛．中国共产党区域发展理念演变对三线建设、调整改造的影响[J]．东北师大学报：哲学社会科学版，2011(3)：5－7.

⑥ 李富春在《关于计划安排的几点意见》里，明确说“所谓后方，一个是西南，一个是西北，最靠得住的还是西南”。

表4-1　1964—1980年三线地区基本建设投资情况　　单位：亿元

地区	1965年	"三五"时期	"四五"时期	"五五"时期	小计
四川	19.8	132.53	136.36	125.34	414.03
贵州	8.95	40.45	48.9	48.89	139.19
云南	8.03	41.25	46.36	55.31	150.95
陕西	5.39	40.27	86.62	76.10	208.38
甘肃	9.03	43.96	54.34	48.2	155.53
河南	6.65	38.88	75.03	96.22	216.78
湖北	5.62	54.45	103.77	153.29	317.13
湖南	5.77	35.55	65.92	67.64	174.88
山西	5.43	32.39	57.2	74.52	169.54
青海	1.98	12.16	12.29	32.95	64.21
宁夏	1.48	10.55	17.12	17.74	42.06
三线合计	78.13	482.44	703.91	788.20	2052.68
全国总计	179.61	976.03	1763.95	2342.17	5261.76
三线投资占全国比重（%）	43.5	49.43	39.91	33.65	39.01

资料来源：国务院三线建设调整改造规划办公室三线建设编写组．三线建设，1991年（内部版）：32.

新中国成立初期的区域均衡发展战略实施期间，内地围绕工业迁移、承接，逐渐形成独立完整的经济结构和体系，城镇经济职能得到很大程度上的强化，城市规模迅速扩大，内地经济社会迅速发展，与沿海的差距逐渐缩小，国家总体生产力有所提升。这一时期，尤其是得益于"三线建设"，成渝地区（当时的四川省）作为西南地区核心区域大规模承接沿海地区企业、科研院所等机构和人才、资金等资源迁移，在工业培育、城市发育、科教文卫引育等方面取得了长足、突进式的发展，迅速铺垫了其现代工业化、城市化的发展基石。

第二节　区域非均衡发展战略：实施改革开放，突出发展效率，生产力布局向东倾斜（1978—1990 年）

20 世纪 60 年代末 70 年代初，国际格局发生重大变化，美国急欲从美苏争霸劣势中挣脱，调整了对华战略，西欧、日本等“第二世界”国家的经济地位日益上升，亚非拉第三世界逐渐兴起，中国积极开展“团结一切可以团结的力量”的外交战略，打破国际孤立形势，国际处境和国家安全形势大为好转。1971 年，中国成功恢复在联合国的合法席位，国际地位迅速提升。1972 年，美国时任总统尼克松访华，发表中美《联合公报》，两国邦交解冻，并于 1979 年正式建交。随着中美邦交关系的建立，中日宣布结束战争状态，实现邦交正常化，中印关系也得到很大缓解。同时，文化大革命（1966—1976 年）对国民经济造成了巨大破坏，“整个国民经济几乎到了崩溃的边缘”①。

面对良好的国家安全新形势和停滞不前的国民经济，我国发展战略重点从安全备战转移到国内经济建设上来。1978 年党的十一届三中全会作出了改革开放的伟大决策。1988 年，邓小平同志提出“两个大局”重要思想，指出“沿海地区要加快对外开放，使这个拥有两亿人口的广大地带较快地先发展起来，从而带动内地更好地发展②”，标志着我国区域经济发展战略较之前发生了重大转向，从片面追求地区经济平衡转到强调效率、速度的非均衡发展。区域非均衡发展战略的核心指导思想是：承认并利用各地区自然禀赋和经济

---

① 1978 年国务院政府工作报告[EB/OL]. http://www.gov.cn/test/2006-02/16/content_200704.htm.

② 梁双陆，李娅：我国东西部区域经济合作的发展阶段及其特征[J]. 经济问题探索，2005(6)：8-10.

技术条件的客观差异性，遵循和发挥地区比较优势，突出效率优先，推动经济发达的东部沿海地区在全国率先发展，东部地区经济发展到一定水平，具备较强实力后，再梯度式带动广大中西部落后地区共同发展、共同富裕，即“先富带动后富”。

在“东部率先发展”的区域非均衡发展战略指导下，国家生产力布局重心大规模东移，推动东部地区率先改革开放，实行投资、税收等特殊优惠政策和灵活措施，集中规模化开展经济特区、沿海开放城市、经济开发区等开放窗口建设。1980—1988 年，在广东、福建、海南设立了 5 个经济特区，作为全国改革开放的首要试验田。1984 年，为进一步扩大对外开放，国家决定开放天津、上海、大连、秦皇岛、烟台、青岛、连云港、南通、宁波、温州、福州、广州、湛江、北海等 14 个沿海港口城市，享受特区的部分特殊政策①。1985 年，国家趁热打铁决定开放 5 个沿海经济开放区，分别是长江三角洲、珠江三角洲、闽南厦漳泉三角地区、辽东半岛和胶东半岛②，其中前三个区域先行开放。此外，20 世纪 80 年代，国家还在沿海城市批准设立了一批国家级经济技术开发区（以下简称经开区）。经济特区、沿海开放城市、沿海经济开发区以及国家级经开区，串点成线、连线成面地将东部沿海地区“从北到南连成我国对外开放的前沿地带”。

专栏 4－1　我国经济特区的设立

经济特区的概念：1979 年 4 月邓小平同志首次提出要开办“出口特区”，后于 1980 年 3 月改名为“经济特区”。“经济特区”是国家设立的实行特殊的经济政策和经济管理体制的区域，主要发展外资、外贸等外向型经济，呈现以下四个特点：建设上以吸收、利用外资为主，经济所有

① 国务院关于批转《沿海部分城市座谈会纪要》的通知［EB/OL］. http://www.ce.cn/xwzx/gnsz/szyw/200706/07/t20070607_11633951.shtml.

② 中共中央、国务院关于批转《长江、珠江三角洲和闽南厦漳泉三角地区座谈会纪要》的通知［EB/OL］. http://www.ce.cn/xwzx/gnsz/szyw/200706/14/t20070614_11750247.shtml.

制实行以社会主义公有制为主导的多元化结构；经济活动在国家宏观经济指导调控下以市场调节为主；特区拥有较大的经济管理权限；对外商投资予以优惠和方便，实施减免关税等优惠措施①。

经济特区的设立：我国迄今为止设立的特区有6个，分别为深圳、珠海、汕头、厦门、海南和喀什。其中，前5个经济特区是20世纪80年代设立的，位于我国东南沿海地带，分属广东、福建、海南3个省，具有地理位置优越，经济发展外向型，利用外资规模大的特点，而20多年后设立的喀什经济特区则位于西北边疆民族地区。

1979年7月，《中共中央、国务院批转广东省委、福建省委关于对外经济活动中实行特殊政策和灵活措施的两个报告》（中发〔1979〕50号文件）决定，在广东省深圳、珠海、汕头三市以及福建省厦门市划出部分地区试办出口特区。

1980年5月，中共中央召开广东、福建两省会议，会议纪要里正式将4个出口特区改称、定名为"经济特区"。

1988年4月，第七届全国人民代表大会第一次会议审议了国务院关于建立海南经济特区的议案，批准设立海南经济特区。

2010年5月，中央新疆工作会议上中央正式批准喀什设立经济特区。

区域非均衡发展战略的实施极大地刺激了东部沿海地区的高额投资和经济高速增长。统计资料显示，1982—1989年，东部地带累计投资1214.1亿元，占全国累计总投资的48.8%，中部地带和西部地带投资分别占比28.6%、11.5%②；1984—1990年，东部地带吸引外资占全国外资总额的

① 张换兆，郝寿义．综合配套改革与制度内生增长极模型［J］．重庆大学学报：社会科学版，2008（5）：6－11.

② 陈伟雄，杨婷．中国区域经济发展70年演进的历程及其走向［J］．区域经济评论，2019（5）：28－38.

88.2%①。随着人口、资金等要素的流入加快和经济的不断发展，沿海地区城市功能不断完善，上海、广州等大城市规模迅速扩大，与周边中等规模和较小规模的城市初步形成了城市分工结构，东部地区的城市群初步形成，但总体来看城市与城市之间的交流还不够密切，基本上还处于城市快速自我发展的阶段。这一时期，东部地区凭借自身良好的经济基底，国家诸多优惠政策加持，吸引广大中西部地区的人力、物资、资金等生产要素大量东流。成渝地区由于“三线建设”时期打下了坚实基础，经济依然保持稳定增长，尤其是重庆1983年实行计划单列，经济发展权限和资源配置权得到扩大，地区生产总值从1978年的71.7亿元增加到1990年的327.8亿元，增长3.6倍，但相比东部沿海省（市），发展步伐整体偏慢。1978—1990年，重庆、四川GDP年均增长率约为9%，江苏、浙江年均增长率分别为12%、13%。

第三节　区域协调发展战略：东中西协调、突出城市群和都市圈引领（1991年以来）

东部沿海区域率先发展在较大程度上梯度辐射带动了中部、西部发展，提升了全国整体经济发展效率，但也拉大了区域发展差距，经济社会可持续发展的矛盾不断突显。20世纪90年代以来，随着改革开放的深入推进，我国综合国力显著增强，缩小甚至消除了区域（尤其是东西部地区）发展的鸿沟，让不同区域人民共享发展成果，实现人民全面发展成为新的宏观发展目标，推动区域协调发展顺理成章地成为实现新目标的战略选择②。自《中华人民共和国国民经济和社会发展十年规划和第八个五年计划纲要》（以下简称《“八

① 石碧华．中国区域经济发展70年的回顾和展望[J]. China Economist，2019，14(4)：66－95.

② 魏后凯．中国国家区域政策的调整与展望[J]．西南民族大学学报：人文社科版，2008(10)：56－64.

五”计划纲要》）首次提出了区域协调发展思想以来，我国区域协调发展战略的实施大致可以划分为以下三个层层推进的阶段。

一、区域协调发展战略启动阶段（1991—1998年）

1991年发布的《“八五”计划纲要》明确提出“促进地区经济朝着合理分工、各展其长、优势互补、协调发展的方向前进”，标志着中国区域发展战略从改革开放初期的不平衡发展全面转向协调发展。1995年中共十四届五中全会上通过的《中共中央关于制定国民经济和社会发展“九五”计划和2010年远景目标的建议》进一步确定了地区经济协调发展的指导方针。1992—1998年，国家在继续推进沿海开放的基础上加快推进内地省（市）对外开放，先后开放了长江沿岸的5个港口城市（分别为重庆、岳阳、武汉、九江、芜湖）、内陆边境口岸城市和所有内地省会城市。

二、区域协调发展战略全面实施阶段（1999年至2012年党的十八大召开前）

这个阶段，国家以推进东部、中部、西部、东北“四大板块”差异化发展和实施主体功能区战略为主线，促进区域经济协调发展。推动东部率先、西部开发、东北振兴、中部崛起“四大板块”各自发展。1999年9月，《中共中央关于国有企业改革和发展若干重大问题的决定》明确提出要“实施西部大开发战略”。2003年、2004年、2006年先后制定、实施促进东北振兴、中部崛起、东部率先发展等战略。2006年国家“十一五”规划纲要以及2007年党的十七大报告进一步明确了以“四大板块”为主体的区域发展总体战略，不断缩小各区域发展差距，引导生产要素跨区域合理流动。实施主体功能区战略，主体功能区是指根据区域各自资源环境承载能力而明确特定主体功能的空间区域。2010年颁布实施的《全国主体功能区规划》是我国区域协调发展战略的重要创新。

三、区域协调发展战略深化阶段（2012 年党的十八大以来）

党的十八大以来，以习近平同志为核心的党中央高度关注国内发展不平衡不充分问题，党的十九大更是基于“我国社会主要矛盾已经转化为人民日益增长的美好生活需要和不平衡不充分的发展之间的矛盾”的深刻认识，把实施区域协调发展战略作为解决发展不平衡不充分问题的重要方略。国家统筹内外，把握全局，在继续深入推进“四大板块”发展的基础上实施“一带一路”建设、京津冀协同发展、长江经济带发展三大战略以及推动城市群/都市圈发展，形成了以“三大战略”为引领、以“四大板块”为支撑、以城市群为主体形态的区域协调发展总体格局。2013 年，习近平总书记提出共建“一带一路”的伟大构想。2014 年，习近平总书记在北京主持召开座谈会，指出要从国家战略层面认识京津冀协同发展。同年，国家拉开长江经济带建设序幕。2016 年，国家发展改革委印发《关于贯彻落实区域发展战略促进区域协调发展的指导意见》，明确提出要“深入实施‘一带一路’建设、京津冀协同发展、长江经济带发展三大战略”，以三大战略为引领，“积极推动形成沿海沿江沿线经济带为主的纵向横向经济轴带”，塑造区域协调发展新格局。大力推动城市群/都市圈建设，中共中央、国务院颁布实施的《国家新型城镇化规划（2014—2020 年）》中明确提出“以城市群为主体形态”，推进我国新型城镇化建设。2016 年，国家在“十三五”规划纲要中提出要重点打造 19 个城市群，形成支撑区域发展的多个增长极。其中，西部地区要布局九大城市群，东部京津冀、长三角、珠三角三大城市群要建设成为世界级城市群。为更好地引领、支撑城市群高质量发展，2019 年《国家发展改革委关于培育发展现代化都市圈的指导意见》颁布实施，提出要加快培育、发展具有全球影响力的现代化都市圈。

专栏4－2　我国“十三五”规划纲要明确重点打造的19个城市群

东部地区：京津冀、长三角、珠三角、山东半岛、海峡西岸、北部湾等六大城市群。

中部地区：长江中游、中原两大城市群。

西部地区：成渝地区双城经济圈（原成渝地区城市群）、关中平原、兰州—西宁、呼包鄂榆、山西中部、黔中、滇中、宁夏沿黄、天山北坡等九大城市群。

东北地区：哈长、辽中南两大城市群。

区域协调发展战略实施20年来，特别是党的十八大以来，我国区域协调发展取得显著成效，中部、西部和东北地区发展加速，区域发展差距不断缩小，区域经济发展格局明显优化。数据显示，2019年东部地区人均GDP与西部地区、中部地区人均GDP的相对差距分别从2.4倍、2.2倍下降到1.8倍、1.6倍。此外，区域协调发展战略实施阶段也是我国城市群快速发展的阶段，尤其是党的十八大以来，随着新型城镇化战略的深入推进，城市与城市之间交流日益密切、频繁，中心城市规模不断扩大，中小型城市不断发展，城际分工不断明晰和加强，城市群加快形成，一体化发展趋势明显。这个阶段，得益于西部大开发的深入推进，西部地区稳步发展，在全国的相对地位不断提高，西部地区生产总值占全国比重从1992年的18.8%提高到2019年的20.8%。成渝地区在“一带一路”倡议、长江经济带、西部大开发等多重战略加持下加快积聚发展要素和承接国内外产业转移，城市职能和城市体系持续完善，城市群一体化发展进程缩短，尤其是2020年成渝地区双城经济圈建设上升为国家战略以来，成渝地区相向发展、一体发展势头强劲，区域发展合力和整体竞争力持续提升，西部地区增长极作用持续增强。

第五章　国外区域一体化案例

欧盟区域合作、东盟区域合作、中哈霍尔果斯国际边境合作中心和中国—中东欧合作机制，以及美国东北部大西洋沿岸城市群、日本太平洋沿岸城市群和欧洲西北部城市群等国外城市群从不同角度给我国区域合作提供了有益的经验和借鉴。

第一节　跨国区域一体化案例

20 世纪 80 年代以来，区域一体化发展更加迅速。目前，全球各种形式的区域经济组织已有 100 多个，这些区域经济组织覆盖全球大部分地区。本节选择欧盟、东盟两个区域经济合作典范，以及首个跨境自由贸易区和中国—中东欧合作机制来分析其推动区域一体化的经验和举措。

一、欧盟区域合作

欧洲联盟（简称欧盟）是由欧洲共同体发展而来的，于 1993 年正式成立。截至目前，欧盟会员国有法国、德国、意大利、荷兰、比利时、卢森堡等 27 个国家，正式官方语言有 24 种。欧盟区域合作是世界组织网络合作的成功典范之一，为区域经济合作提供很好的经验和借鉴。

一是进行完善的机构设置。欧盟有各种超国家机构如欧盟委员会、欧洲议会、欧洲法院，也有包括各成员国政府以及由各成员国政府组成的部长理事会、欧洲理事会，还包括次国家机构如地方政府、利益集团、私人机构和非政府组织等。欧盟已形成超国家、国家、地方、跨境区域等多等级、层次的组织体系，实现了各个层次的权力平衡和利益表达机制的畅通，加快了欧洲一体化进程。此外，欧盟还有欧盟审计院、欧洲中央银行、欧洲投资银行、经济和社会委员会、区域委员会、欧洲警察局和欧洲军备局等专门机构，保证了区域政策的实施效果符合成员国和其他共同体的目标。

二是构建完整的政策体系。欧盟成立以来制定了一系列的区域政策。如共同社会政策、共同农业政策、共同地区结构政策、共同贸易政策等，形成了完整的区域政策体系。在一体化的发展过程中，欧盟建构了一个“社会政策区域”，以解决其在社会发展与进步中所面临的诸如失业、贫困等重要社会问题，逐步实现了欧盟社会聚合。欧洲共同农业政策的最大特点是对内实行价格支持，对外实行贸易保护，积极推动了欧洲地区农村和农业发展。欧盟设立了欧洲区域发展基金（European Regional Development Fund，ERDF）、欧洲社会基金（European Social Fund，ESF）、欧洲农业指导与保证基金会（European Agricultural Guidance and Guarantee Fund，EAGGF）、结构和凝聚基金（Structural and Cohesion Funds，SCF）以及其他投资机构，用于支持成员国贫困地区进行经济结构调整，缩小与发达地区经济、社会的差距。欧盟对科研合作尤为重视，自 1984 年以来已经出台 6 个科研总体规划，统筹推进各国科研合作，协调解决面临的突出问题，提升欧盟整体科研实力。

三是建立、健全法律法规体系。为保证合作组织合法地位和政策工具的合法性，欧盟构筑了完善的法律法规体系。这些法律规范涵盖了区域政策实施的各阶段，保障区域政策实施的科学性、高效性、公平性和公正性。欧盟法律体系包括三个层面内容。首先，成立欧盟及订立其前身欧共体的国际条约以及后续修改的一系列条约，具有国际法的所有特性。其次，包括欧洲议会、部长理事会等欧盟主要机构根据条约制定的条例、指令、决定等法规具有国内法属性。最后，包括各成员国的国内法。欧盟健全的法制文化和法制规则对推动区域合作具有重要意义。

二、东盟区域合作

东南亚国家联盟（简称东盟）于1967年8月8日成立于泰国曼谷，现有印度尼西亚、马来西亚、菲律宾、泰国、新加坡、文莱、柬埔寨、老挝、缅甸、越南10个成员国，总面积449万平方千米，2018年总人口达到6.54亿人。经过40多年的发展，东盟经济实力和影响力不断增强，在地区和国际事务中发挥着越来越重要的作用。东盟创立的“亚洲模式”为国际合作提供了有益的经验借鉴。

一是建立较为完整的组织架构。东盟主要机构有首脑会议、外长会议、常务委员会、经济部长会议、其他部长会议、秘书处、专门委员会以及民间和半官方机构。其中，首脑会议是东盟最高决策机构，会议每年举行两次，主席国由成员国轮流担任。外长会议负责制定东盟的基本政策。常务委员会是东盟最高的执行机构，由外长会议东道国的外长以及其他成员国驻东道国的大使组成。经济部长会议和其他部长会议是经济、财政、林业、能源、旅游等各领域的决策机构。秘书处负责受理新成员国加入东盟的申请并呈送外长会议讨论。专门委员会包括贸易和旅游委员会、内政和银行委员会、交通运输委员会等9个委员会。这些机构为东盟多领域合作提供有效的通道。

二是推动成员国市场相互开放。东南亚国家经济发展水平较低，缺乏支撑各国经济社会发展和区域合作的资源。因此，东盟积极创建开放的环境，吸引外部资源要素向成员国集聚。1977年，东盟启动特惠贸易安排（Preferential Trade Arrangements，PTA），旨在减少内部贸易和投资障碍，改善区域市场环境。1992年，东盟开始建设东盟自由贸易区（ASEAN Free Trade Area，AFTA），旨在推动市场开放，改善区域发展、开放的环境，提高对外部资源的吸引力。2004年11月，第十次东盟领导人会议上确定了东盟经济共同体的目标是建成稳定、繁荣、具有高度竞争力的单一市场和生产基地，促进区域商品、服务、资本和劳动力的自由流动。从“东盟自由贸易区”到“东盟经济共同体”，实现了资源要素的相对自由的流动，标志着东盟区域经济一体化向更高层次迈进。

三是构建广泛的对话与合作网络。东盟始终坚持以东盟为中心的原则，构建与外部的对外合作框架。“10 +”对话合作框架体现了以东盟为中心的原则，是东盟与对话国建立的主要合作机制。“10 + 1”是东盟十国分别与中、日、韩三国的合作机制。“10 + 3”是东盟与中、日、韩三国的合作机制。2014 年，第九届东亚峰会举行，建立了“10 + 8”合作机制，对推进区域合作起到积极作用。中国与东盟区域及次区域建立了广泛的合作机制，签署了《中国—东盟全面经济合作框架协议》《中国—新加坡自由贸易协定》等国际合作协定，制定了“10 + 1”合作领导人会议、澜沧江—湄公河合作机制等国际机制，开展中国—东盟博览会与商务发展论坛、泛北部湾经济合作论坛、孟中印缅经济走廊工作组会议等合作论坛。

三、中哈霍尔果斯国际边境合作中心

霍尔果斯位于新疆伊犁哈萨克自治州，与哈萨克斯坦接壤，是我国最早向西开放的口岸，素有“千年驿站、百年口岸”之称。中哈霍尔果斯国际边境合作中心于 2012 年封关运营，是世界上首个跨境自由贸易和投资合作区。中哈霍尔果斯国际边境合作中心对探索边境合作、区域合作新模式具有一定的借鉴之处。

一是加强规划和政策协调。为促进合作中心顺利运行，提升共同运营和管理水平，中哈两国政府签订了《中哈霍尔果斯国际边境合作中心管理活动的协定》。中方已编制 8 个高水准专项规划，明确了中哈霍尔果斯国际边境合作中心的建设目标、路径。同时，深入研究“一带一路”发展战略规划与哈萨克斯坦有关规划的对接，推进我国与哈方毗邻城市的沟通。铁路口岸、粮食进口口岸、离岸金融试点中心、合作中心多点办证等一系列政策落地见效。

二是推进贸易便利化改革。中哈霍尔果斯国际边境合作中心实行“一线放开、二线管理”的监管模式和“境内关外”的优惠政策。实施关检合作

“三个一”（一次申报、一次查验、一次放行）通关模式。通过多点办证，改造、升级安检设备，建立人车分流通道等方式提高通关效率。

三是发展旅游购物，促进人员自由流动。中哈霍尔果斯国际边境合作中心着力建设国际旅游集散地，通过建立旅游诚信体系机制推出旅游专列奖励补贴、跨境旅游奖励补贴等系列优惠政策，吸引游客购物旅游。中哈两国公民、第三国公民、车辆、物资均可由人持有效证件出入合作中心，开展商贸洽谈活动和进行贸易往来。商务人员和游客可在合作中心停留 30 天，离开后经查验可再次进入，从而实现在中心内长年居住。进入中哈霍尔果斯国际边境合作中心观光旅游、购物的人员日均数量超过 1 万余人次。

四、中国—中东欧合作机制

中国—中东欧合作机制成员包括中国和中东欧阿尔巴尼亚、波黑、保加利亚、克罗地亚、捷克、爱沙尼亚、希腊、匈牙利、拉脱维亚、立陶宛、黑山、北马其顿、波兰、罗马尼亚、塞尔维亚、斯洛伐克和斯洛文尼亚等 17 个国家。自中国—中东欧合作机制 2012 年正式启动以来，已经建立起涵盖 20 多个领域的立体合作架构，贸易额增长近 85%，率先实现“一带一路”合作协议在该范围地区全覆盖。

一是建立多元沟通机制与合作渠道。中国与中东欧建立了多领域的多元沟通交流方式，包括国家领导人会晤、地方领导人会议以及各领域交流论坛、对话等。2012 年，中国设立了中国—中东欧国家合作秘书处，作为推进彼此合作的协调机构。中东欧国家任命国家协调员负责与中方秘书处协调对接。并在不同领域建立了多样化沟通机制，如在文化教育方面举办中国—中东欧国家文化合作论坛、中国—中东欧国家教育政策对话、中国—中东欧国家艺术合作论坛等；在产业领域方面举办中国—中东欧国家农业经贸合作论坛、中国—中东欧国家投资贸易博览会等。

二是推动多领域交流合作。在人文交流领域，加强旅游、教育、智库、文化等方面的合作，建立了中国与中东欧国家关系研究基金、高级别智库研讨会等平台，促进人心相同、文化互通。在投融资领域，建立投资促进机构联系机制，加强在基础设施、科技创新、工程机械、商贸物流等领域的合作。在经贸领域，积极利用跨境电商，在海外搭建网络平台，与中东欧国家实现产品互销。在产业合作领域，通过“引进来”搭建中国—中东欧合作园区，如中国—中东欧（沧州）中小企业合作区等。

第二节　国外城市群一体化案例

城市群作为城市化最高的空间形态，是人口与经济活动主体的密集之地，也是区域的重要表现形式之一。美国东北部大西洋沿岸城市群、北美五大湖城市群、日本太平洋沿岸城市群、英伦城市群、欧洲西北部城市群、长三角城市群是国际公认的世界六大城市群，在区域一体化发展方面积累了丰富的经验。以下主要介绍几个城市群案例。

一、美国东北部大西洋沿岸城市群

美国东北部大西洋沿岸城市群（简称波士华城市群）以纽约为中心，包含波士顿、费城、巴尔的摩和华盛顿等大城市以及200多个市（镇），总面积13.8万平方千米，是世界上经济实力最强的城市群。波士华城市群一体化发展首先是以都市圈为单位的城市群内部协同发展，其次是都市圈外溢带动周边地区协同发展，最后是实现城市群整体一体化发展。

一是在政府层面设立协调机构、制定政策、法规强化城市群一体化发展的制度保障。政府联合会（Council of Governments，COG）在美国城市群协调发展中发挥了重要作用，其成员主要来自各地多个相关政府权力部门。政府联合会按主要职能可分为区域委员会（Regional Council，RC）和大都市区规划组织（Metropolitan Planning Organizations，MPO）。前者主要负责区域经济发展中各政府部门间的协调问题，后者主要负责大都市区交通规划和与相关基金申请有关的规划和协调工作。美国还通过立法（法案）的形式强化了政府联合会的职能，将区域性基础设施投资建设相关行为法律化和制度化。美国规定人口数量超过 5 万人的城市必须在区域规划方面相互合作并制定综合交通规划，才能获得联邦政府在公路建设方面的资助，这在很大程度上推动了美国城市群内部交通一体化建设。“纽约新泽西港务局”作为第三部门交通管理机构统筹管理纽约港和新泽西港，解决两港相邻港域的归属权问题。此外，联邦政府为了协调波士华城市群内中心城市对周边城镇的辐射而出台了一系列自然资源开发、环境保护等的相关政策。

二是在市场层面形成合理的区域分工体系，推动生产要素在城市群中充分流动。波士华城市群一体化发展过程中，五大核心城市产业结构相互补充，纽约是全球金融中心，为城市群发展提供资金支持。华盛顿作为美国政治中心，为城市群发展提供政治产品和带来政府相关的经济利益。波士顿作为高科技之城，为城市群发展提供人才和技术保障。制造业中心费城和工业复兴区巴尔的摩为城市群发展提供产业发展的技术支持。五个中心城市周围的众多中小城市构成了中心城市的腹地，是城市群的黏合剂，主要为几大中心城市的生产生活提供便利与服务。

三是在非政府组织层面成立纽约区域规划协会，统筹波士华城市群规划。1922 年，纽约区域规划协会成立。它是一个非营利性的地方规划组织，基于民间团体的规划模式在纽约州、新泽西州和康涅狄格州的规划中一直发挥着重要的作用。纽约区域规划协会先后对纽约大都市区进行了 4 次规划，加快了波士华城市群的一体化发展。纽约区域规划协会以专业的知识、跨学科的眼光来处理区域发展的重大问题，建立了一个包括地方政府、利益集团（如环保组织）、专业团体、商业社区等利益相关者的发展联盟。

二、日本太平洋沿岸城市群

日本太平洋沿岸城市群（也称东海道城市群）主要由东京都市圈、名古屋都市圈、大阪都市圈构成，总面积 10 万平方千米，占日本国土面积的

31.7%，是日本经济、文化、政治活动的中枢地带。其地域结构以经济联系为纽带，采取圈域经济的发展模式，各都市圈内部的产业空间分布呈现圈层化特征。东海道城市群在市场、民间团体、政府共同推动下实现一体化发展。

一是在政府层面设立协调组织，重视规划法案的制定和实施，建立协调发展保障机制，构建区域性交通网络。日本政府在推动日本东海道城市群一体化发展中发挥着协调作用。在协调组织构架方面，1950 年成立首都建设委员会，1956 年首都建设委员会升级为总理府下属的首都圈整备委员会，1974 年首都圈整备委员会被并入国土交通厅，统筹区域开发。在规划法案的制定和实施方面，先后于 1946 年、1947 年和 1956 年颁布《东京城市震灾复兴规划》《地方自治法》和《首都整备法》；1958 年出台《首都圈建设规划》，此后每 10 年左右修订一次，目前已修订 5 次，有力推动了东京都市圈一体化发展。2008 年出台的《国土形成计划》和 2014 年出台的《2015 国土构想》从国家顶层设计方面进一步强化日本都市圈建设和推动城市群一体化发展。还制定了产业分工、大交通、自然环境等方面的专项规划，协调东海道城市群发展。在协调发展保障方面，出台一系列财政金融配套政策推动规划项目落地（如引导工业企业、教育机构和部分商务功能向周边转移），如财政转移支付、搬迁企业的所得税减免、新开发地区的政府发行地方债并由中央财政贴息等政策。在城市群交通网络构建方面，1889 年东海道铁路干线开通，1964 年东海道新干线开通，1969 年东海高速公路全线通车，东海道城市群成为内部联系紧密的交通统一体。当前，东海道城市群内东京、名古屋和阪神地区的高速公路与日本南向贯通的五大干线相接，形成了全国高速路网体系。同时，城市群内拥有日本最大的港口群和航空网络，为城市群区域分工和城市群参与国际分工创造有利条件。

二是在市场层面形成了合理的产业分工格局。经过长期的发展，城市群内部的城市形成了明显的产业分工。例如，东京主要发展金融业、横滨川崎主要发展电子电器业、名古屋主要发展汽车业和运输机械业、东海市主要发展钢铁冶金业、大阪主要发展石油化工业等。城市群在更大空间范围内的资源合理配置带来了巨大的综合经济效应，进而推动城市群经济一体化发展。

三是在非政府组织层面成立关西经济联合会和关西广域联合会等区域协调机构。关西经济联合会成立于1946年，下设23个委员会，主要为区域内的企业和区域经济发展服务，发挥企业和政府沟通的桥梁作用。关西广域联合会成立于2010年，是日本全国第一个广域地方公共团体，其设立目的是破除行政壁垒，提高关西地区整体经营能力，使区域战略得以落地实施。

三、欧洲西北部城市群

欧洲西北部城市群是世界六大城市群之一，由大巴黎地区城市群、莱因—鲁尔城市群、荷兰—比利时城市群构成，总面积145万平方千米，主要城市包括巴黎、阿姆斯特丹、鹿特丹、海牙、安特卫普、布鲁塞尔、科隆等，多数城市沿莱茵河、塞纳河等河流分布。欧洲西北部城市群构成了城市密集、分工协作的“多中心”城市群体系。

一是在政府层面建立市（镇）联合体一体化协调模式，加强顶层设计。随着德国、法国、比利时等西欧国家工业化和海外贸易的发展，各国城市快速扩张，由此引发了中心城市环境恶化、人口拥挤等一些制约发展的问题。为解决这些问题，政府开始规划将中心城市的人口、产业等向外围转移，进而形成了经济和交通联系紧密的城市群。协调模式方面，欧洲西北部城市群主要是在自发组成的市（镇）联合体框架内进行区域协调。在市（镇）联合体一体化协调模式下，市（镇）联合体可以对城市发展、设施建设、产业布局、生态治理、公共服务等领域进行一体化协调。法国还颁布《城市（市镇）联合体法》。顶层设计方面，大巴黎地区城市群先后颁布出台《巴黎地区整治规划管理纲要》《巴黎大区总体规划》，并于2009年实施“大巴黎计划”。法国、荷兰与德国等国家都有严格的城市规划立法措施，确保城市群规划实现具有良好空间布局。

二是在市场层面形成多样化的产业分工。莱茵—鲁尔区各城市形成差异化的主导产业，杜塞尔多夫以广告、服装和通讯业为重要产业支撑，科隆是德国金融中心之一，埃森德经转型重点发展商贸及教育、电子等产业，多特蒙德是德国重要的贸易中心与体育中心，杜伊斯堡是最大的河港，波鸿是鲁尔区中部的中心。大巴黎地区城市群采取的是沿产业价值链圈层集聚发展的模式，市区分布高附加值的制造业与服务业，郊区与卫星城市发展工业与生产性服务业。

三是在非政府组织层面成立区域协会和行业组织等。以莱茵—鲁尔城市群为例，对于相互没有隶属关系的城市在推动城市群建设时会加强城建及土地规划、交通、公共环保事业等方面合作。而推动这些方面的合作以成立区域协会的方式进行。在城市建设和土地规划方面，"区域联合协会"会根据德国《空间规划法》制定规划方案。在交通方面，同样以成立区域协会的方式对区域内的交通管理进行统筹规划。在垃圾和污水处理方面，成立了专门的行业组织或民间协会组织，负责多个地区的垃圾和污水处理事宜。在水资源共享与保护等方面，莱茵—鲁尔区的矿业、工业以及一些社区自发形成了当地第一个水资源管理组织——埃姆舍尔合作社，主要对鲁尔河埃姆舍尔支流流域的废水进行处理。

第六章 国内城市群一体化案例

城市群是我国新型城镇化的主体形态和现代化建设的重要载体，是带动区域经济发展的重要增长极。京津冀、长三角、粤港澳大湾区是我国经济最发达的三大城市群，其在区域一体化建设、经济区与行政区适度分离等方面都进行了积极探索。

第一节 京津冀城市群

京津冀城市群包括北京、天津两大直辖市和河北省的保定、唐山等11个地级市。京津冀城市群发展大致经历了萌芽（1978—2003年）、合作（2004—2012年）和协同（2013年至今）三个阶段。2013年京津冀城市群协同发展拉开了城市群一体化发展序幕，而后在国家高度重视、地方政府共同推动之下，一体化建设取得明显成效。

一是在政府层面设立协调机构，强化顶层设计，建立协同发展体制机制。2014年2月，习近平总书记在北京召开座谈会，指出京津冀要“抱团”协同发展，并将其上升为国家战略。2014年8月，京津冀协同发展领导小组成立，其对京津冀协调发展进行顶层设计、统筹规划，标志着京津冀协调发展机制的建立。2015年4月，颁布《京津冀协同发展规划纲要》，要求京津冀三地“一盘棋”，增强整体性。2016年，印发《“十三五”时期京津冀国民经济和社会发展规划》，统筹推进三地经济、社会发展。而后，京津冀土地、城乡、水利、卫生等12个专项规划相继印发与实施。在重点领域协调机制建设方面，成立京津冀城际铁路投资公司，通过投资一体化带动区域轨道交通网络一体化。三省（市）共同制定与实施交通、安全生产、环保、商贸物流等领域协同标准24项。制定《京津冀海关区域通关一体化改革方案》，推动京津冀率先实现通关一体化改革，通关时间平均缩短41天。出台《京津冀教育协同发展行动计划（2018—2020年）》，三省（市）教育布局进一步优化，教育水平不断提升。

二是在市场层面初步形成良好的区域分工格局，城市群内企业跨省（市）产业活动频繁。京津冀的产业体系日趋完善，产业协同发展水平明显提升。2019年，北京市、天津市、河北省三次产业结构比分别为0.3∶16.2∶83.5，1.3∶35.2∶63.5，10.0∶38.7∶51.3，可见北京市的第三产业主导地位十分凸显，河北省、天津市第二产业优势明显。从2018年的普查数据来看，北京市科学研究和技术服务业、信息传输软件和信息技术服务业、文化体育和娱乐业的法人单位分别占北京第二、三产业法人单位总数的15.6%、7.8%和5.5%，高技术服务业和文化产业集聚程度日益加深，科技创新中心和文化中心的地位愈加稳固。天津市东临渤海，航运枢纽的地位凸显，航运、金融服务等行业集聚程度较高。2019年，河北省工业增加值为11503亿元，比上年增长5.2%，总量和增速都高于北京、天津，工业发展势头强劲。河北省高技术制造业法人单位占京津冀地区高技术制造业法人单位总数量的52.7%。同时，北京、天津、河北三地跨省（市）设立产业活动的单位数量增长较快，2018年，在城市群内有跨省（市）产业活动的单位数量达1.6万家。

第二节　长三角城市群

长三角城市群以上海为中心，土地面积为21.17万平方千米，占全国的2.2%。在长三角城市群一体化进程中，市场与政府双向互动，推动了经济资源和生产要素的跨区域流动，促进了区域经济融合和活力迸发。

一是在政府层面建立决策和统筹协调机制，设立政策性公益基金，举办长三角论坛并推动特定领域合作。成立长三角区域合作办公室，负责研究拟订长三角协同发展的战略规划，以及体制机制和重大政策建议，协调推进区域合作中的重要事项和重大项目发展，统筹管理合作基金、长三角网站和有关宣传工作。每年定期召开长三角地区主要领导座谈会和长三角地区合作与发展联席会。成立长江三角洲城市经济协调会，负责推动和加强长三角地区经济联合与协作，促进长三角地区的可持续发展。设立长三角合作与发展共促基金，重点支持长三角合作与发展过程中跨区域、有共性的重大课题、重要规划、重点方案的研究等。长三角地区三省一市相关政府机构与行业协会定期举办论坛，如长江三角洲地区金融论坛、长三角现代服务业合作与发展论坛、长三角地区现代物流联动发展大会、长三角城市群发展论坛等。2011年以来，长三角地区陆续签订系列框架协议，开展多领域的专题合作。城市群三省一市大力实施“三联三互三统一”工程，共同推动长三角地区市场体系一体化建设。

二是在市场层面形成地域分工格局，推动城市群经济一体化发展。1982年，上海经济区成立，为浙江和江苏乡镇企业利用上海资源提供了便利。当时，上海很多企业开始与江浙地区开展产业和经济技术合作。1990年，上海成为继深圳后中国第二个开放窗口，浙江和江苏也因此获得了上海高速发展的“溢出效应”。此时，江浙地区企业初具规模，较大的企业将部分功能机构转移至上海，区域分工逐步明朗。目前，长三角城市群产业结构与分工格局更趋均衡，上海市金融中心功能提升，江苏、安徽省工业地位增强，浙江省信息产业快速发展，城市群经济一体化逐步实现。

三是在非政府组织层面成立合作联盟。在长江三角洲城市经济协调会等支持下相继成立了非物质文化遗产合作联盟、青年创新创业合作联盟、新能源汽车合作联盟、长三角文化产业发展联盟和长三角企业服务联盟等。

第三节　粤港澳大湾区

粤港澳大湾区在珠三角城市群基础上扩展而来，总面积为 5.6 万平方千米，地区生产总值约为 10.87 万亿元，在国家发展大局中具有重要战略地位。粤港澳一体化发展由市场和政府共同推动，随着粤港澳大湾区一体化发展上升为国家战略，政府力量发挥着越来越重要的引导作用。

一是在政府层面成立“国家—省—市”三级政府统筹协调机构，构建一体化发展规划体系，完善基础设施和公共服务体系。2018 年 8 月，成立了以中共中央政治局常委、国务院副总理韩正任组长、香港特区和澳门特区特首任组员的粤港澳大湾区建设领导小组。随后，广东省以及九市推进粤港澳大湾区建设领导小组相继成立，形成了纵向衔接、横向联系的组织保障体系，强化了统筹协调。在《珠江三角洲地区改革发展规划纲要（2008—2020 年）》《粤港合作框架协议》《粤澳合作框架协议》等纲领性文件的基础之上出台《粤港澳大湾区发展规划纲要》，为粤港澳大湾区一体化发展举旗定向、宏观布局。广东省随后出台《关于贯彻落实〈粤港澳大湾区发展规划纲要〉的实施意见》《推进粤港澳大湾区建设三年行动计划（2018—2020 年）》，形成了中央和地方相互衔接的规划体系。围绕生产要素自由、快速流通完善基础设施和公共服务体系。2018 年，广深港高速铁路、港珠澳大桥相继通车运营，深中通道海底隧道开建，粤港澳大湾区各城市间的快速交通网络加速完善。《港澳台居民居住证申领发放办法》正式实施，确保港澳台居民在内地享有 3 项权利、6 项基本公共服务、9 项便利措施。

二是在市场层面市场力量在粤港澳大湾区的一体化进程起着主导作用。1978 年我国实行改革开放、成立深圳特区之后，珠三角九市发挥地缘优势，积极对接港澳地区，形成了垂直分工型“前店后厂”的地域分工合作模式。珠三角九市依托土地、劳动力等优势吸引了大量香港特区、澳门特区企业入驻，成为港澳生产基地。港澳地区利用海外贸易窗口优势承接海外订单，将珠三角九市制造的产品推向国际市场。在市场机制作用下，珠三角九市与港澳地区的经贸协作、交流日益深化、频繁，粤港澳大湾区成为全国经济实力最为雄厚的区域之一。

第四节　经济区与行政区适度分离的管理模式探索

国家根据政治原则、经济原则、民族原则等进行分级管理而实行的区域划分通常主要有管辖范围、行政中心、行政层级等基本要素。经济区是以城市为经济中心，以专门化生产为主，将自然条件、经济发展方向大体一致的行政区组合在一起所形成的经济集合体，一般由经济中心、经济腹地、经济网络三个要素构成。行政区是组织开展经济活动的基本载体与支撑，而经济区则是行政区高水平、快进度和可持续发展的重要条件。探索建立经济区和行政区适度分离的管理模式是寻求经济区利益最大化和行政区利益最大化的平衡点，有利于推动区域一体化发展。

一、深汕特别合作区

深汕特别合作区位于广东省东南部，粤港澳大湾区最东端；西北与惠州市惠东县接壤，东与汕尾市海丰县相连，由鹅埠、小漠、赤石、鲘门四镇组成，面积为468.3平方千米，2020年末常住人口数量为13万人 。作为全国首个特别合作区，深汕特别合作区开启了以飞地带动区域协调发展的改革试验，被称为广东省探索区域协调发展的“试验田”。深汕特别合作区探索出深圳单独管理、深度全面整合的“飞地模式”，即在不改变土地行政属地所有权的基础上，由汕尾让渡管理权，交由深圳全权管理。2018年12月16日，深圳市深汕特别合作区管委会揭牌，正式成为深圳市第“10+1”区，统筹纳入深圳市国民经济和社会发展规划体系。

二、长三角生态绿色一体化发展示范区

2019 年 11 月，国家发展改革委正式印发《长三角生态绿色一体化发展示范区总体方案》（以下简称《方案》），明确了示范区范围包括上海青浦区、江苏省苏州市吴江区、浙江省嘉兴市嘉善县，约 2413 平方千米（含水域面积 350 平方千米）。推动长三角生态绿色一体化发展示范区建设，有利于集中彰显长三角地区践行新发展理念、推动自身高质量发展的政策制度与创新方式，率先实现质量变革、效率变革、动力变革，更好地引领长江经济带发展。一是采用“理事会+执委会+发展公司”的三层次管理架构。理事会是重要事项的决策机构，理事长职位由两省一市常务副省（市）长轮值，成员由两省一市有关部门负责人、市、县（区）政府主要负责人等组成；执委会是开发、建设管理机构，负责示范区发展规划、制度创新、改革事项、重大项目、支持政策的具体实施，工作人员在两省一市通过竞争选拔产生；发展公司负责具体园区的市场化运营。二是探索区域生态绿色一体化发展制度创新。《方案》中提出，建议探索统一编制、联合报批、共同实施的规划管理体系，具有统一的生态保护制度、跨区统筹土地指标、盘活空间资源的土地管理机制，项目跨区域一体化管理服务机制，促进各类要素跨区自由流动的制度安排，跨区域投入工单、利益共享的财税分享管理机制，共建共享的公共服务机制，以及统一的公共信用管理机制等。

三、跨行政区域利益分享的项目案例

除上述跨区域探索案例外，三峡水电站、川东油气田等跨区域合作项目在跨区域利益分享机制方面也进行了积极探索。

一是三峡水电站税收分配案例。三峡水电站位于重庆市市区到湖北省宜昌市之间的长江干流上，地处湖北省宜昌市境内的长江西陵峡段，是世界上规模最大的水电站，也是中国有史以来建设的最大型的工程项目。三峡水电站于 1992 年获得全国人民代表大会批准建设，2009 年全部完工。2003 年，

财政部发布《财政部关于三峡电站税收分配有关问题的通知》（财预〔2003〕7号），明确三峡电站在湖北、重庆两地的税收分配范围、比例及征管等内容。税收分配范围：三峡水电站发电后，其增值税及与之相关的城市维护建设税和附加教育费纳入湖北省与重庆市的税收分配范围之内，其他地方税，包括营业税、资源税等按照企业属地原则归属湖北省。税收分配比例：增值税及城市维护建设税和附加教育费按三峡工程综合淹没实物（含坝区）的比例，即湖北省15.67%、重庆市84.33%的比例分配。其中增值税按当时实行的财政体制规定征收，75%作为中央收入，25%作为地方收入。税收征管：按当时实行的税收征管法规定，三峡水电站的各项税收由湖北省税务部门负责征收。其中，湖北和重庆的增值税、城市维护建设税和附加教育费（均为全额）按上述分配比例分配后，由两地按财政体制规定解缴入库。资金使用要求：三峡水电站投产后缴纳的税款依法留给地方的部分作为地方财力资产，由地方政府统筹安排，用于支持三峡库区建设和生态环境保护。

二是川东油气田开发税收分成案例。川东北油气项目是美国雪佛龙公司和中国石油天然气集团公司合作开发的中国陆地上最大、最复杂的天然气项目之一，地跨四川省和重庆市，占地超过800平方千米，于2016正式进入生产阶段。中国石油天然气集团公司持有51%的参与权益，优尼科东海有限公司持有49%的参与权益并担任作业者。税收征管方面：项目日常税收征收管理由四川达州负责，达州每年将该项目重大涉税事项相关资料、报表汇总抄送重庆开州。税收分配方面：项目对外销售产生的税收按照川渝两地井口天然气产量的比例计算分配，企业其他税款按该项目在川渝两地的累计投资比例计算分配，分别通过两地税务局直接缴纳。

第七章　国内外案例启示

通过对欧盟以及美国东北部大西洋沿岸城市群、日本太平洋沿岸城市群、京津冀城市群、长三角城市群、粤港澳大湾区等国内外具有代表性的城市群一体化过程中的经验梳理，不难发现市场、政府以及民间团体在区域一体化进程中均发挥了不可替代的重要作用。成渝地区双城经济圈高质量一体化发展必须要重视市场、政府和社会团体等多元主体力量，统筹发挥市场配置资源的基础性作用、政府的导向作用和社会团体的支撑性作用。

第一节　市场层面

区域一体化的实质就是区域内部各组成板块通过合理分工和充分协作破除区域壁垒，实现区域共同利益的最大化的过程和结果①。欧盟及国内外城市群发展实践充分表明，区域共同利益的形成和实现主要依赖于市场机制，市场机制是城市群形成和发展最为核心的机制，城市群从根本上是市场化的产物，其培育、发展必须要重视发挥市场机制作用，顺应市场规律，重点是突出区域分工协作和统一市场。

区域合理、高效分工协作是城市群一体化发展的重要纽带。根据区域分工协作理论和共生理论，城市群内各城市子系统应正视要素禀赋、区位条件

---

① 金世斌．国外城市群一体化发展的实践成效与经验启示[J]．上海城市管理，2017，26(2)：38－43.

等自然差异性，立足各自比较优势，按照市场化原则开展区域分工协作（主要包括城际间产业分工协作和城市功能分工）、错位发展、交流互补，强化核心城市对周边地区的辐射带动，合力共谋城市群发展并在城市群整体经济实力提升中实现自身发展层级提升。从产业分工协作上看，国内外发达城市群发展过程中均十分重视核心城市与外围城市之间的产业分工和协作配套，例如，美国东北部大西洋沿岸城市群中，纽约市作为享誉全球的顶级国际大都市，凭借超强的经济总量和综合实力，借助四通八达的交通、信息等现代化设施网络，源源不断地向周边城市输送资本、技术、信息、劳动力等①。长三角城市群和粤港澳大湾区发展中，苏州、嘉兴、无锡等上海毗邻区域以及东莞、惠州等深圳毗邻区域正式通过主动承接上海、香港特区、深圳的产业转移和分工延伸，迅速积累资源要素，实现经济和城市的发展。成渝地区双城经济圈一体化发展应突出重庆、成都“双核”带动，深化群内城市产业分工和联动机制作用发挥，构筑辐射作用大、竞争力强的城市群一体化产业链。例如，鼓励川东地区城市积极对接重庆装备、汽摩、电子等优势制造业，发展相关配套产业。又如，成渝两地强化旅游资源的差异互补，共建国际旅游目的地。从城市职能分工上看，成渝地区双城经济圈一体化发展应促进大中小城市和小城镇在产业发展、城镇职能等方面的合理分工、功能互补，各城市应该兼顾自身独立性、自主性和整体发展效益性，在互利共生的基础上全领域、多角度开展合作竞争，实现差异化共生、合作性共生。

建立统一的商品及要素市场是区域一体化的核心支撑。根据大市场理论，共同市场有利于实现区域资源有效配置，扩大规模经济效应，提升区域整体经济发展活力和实力。欧盟以及国外发达城市群发展核心经验之一就是建立统一、开放的市场，推动商品和要素在区域内自由流动，以市场一体化引领带动区域全面一体化。川渝两省（市）在推动成渝地区双城经济圈一体化发

---

① 肖金成，申现杰，马燕坤．京津冀城市群与世界级城市群比较[J]．中国经济报告，2017(11)：94－98.

展过程中应摈弃地方保护主义思想，携手打破阻碍商品和生产要素自由流动的行政壁垒，统一税收、土地、社会保障等制度体系，破除市场分割，加快形成一体化的共同市场，充分发挥市场对经济社会资源优化配置的决定性作用，推动人流、物流、技术流、信息流和资金流在城市群内无障碍自由流通，驱动成渝地区朝着多领域全面一体化方向发展。

第二节 政府层面

政府是推动区域一体化发展的重要推力。“中心—外围”理论以及国内外区域一体化发展实践充分揭示了区域一体化取决于市场的发展，但是在这一过程中，政府这只“有形的手”有着不可替代的作用。成渝地区双城经济圈整体还处在欠发达阶段，推动区域一体化发展如果光靠市场机制可能会导致核心与外围的差距日益扩大。在发挥市场决定性作用的基础上必须要重视政府力量，改善外围城市的发展条件，为市场机制更好地运作创造条件，弥补市场失灵的缺陷。通过对前文案例的梳理，区域一体化过程中政府应发挥作用，尤其要重视加强区域规划引导、健全区域合作制度体系、完善基础设施等方面。

科学、合理的区域规划是区域一体化发展的关键。纵观国内外城市群及都市圈的发展历程不难发现，规划在城市群形成与发展过程中起到重大指引和引领作用。科学、系统、统一的规划确立了城市群发展的总体方向和战略，有利于资源在区域内的协调配置，合理引导产业、人口的空间集聚，强化土地的集约、节约利用，保护生态空间和历史文化遗产，促进区域均衡发展。日本太平洋沿岸城市群中，东京都市圈先后实施了 5 轮规划版本，通过规划调整推动解决城市群发展中的问题，促进空间结构不断优化、改善。国内城市群发展中，规划的引导和宏观调控作用也较为明显。例如，京津冀城市群发展已经形成了以《京津冀协同发展规划纲要》为纲，以土地、城乡、水利、卫生等12个专项规划为目的纲目并举的规划体系。此外，在产业、教育、交通等各领域还会滚动更新出台短期计划和中期规划。成渝地区双城经济圈建设应充分借鉴先进经验，加强规划引导。

良好的区域合作行政制度是区域一体化发展的重要保障。新制度经济学理论揭示了制度是经济增长的重要因素。制度联动是区域一体化尤其是跨行政区域一体化过程中不可缺少的重要基石。第二次世界大战后，欧洲27个国家能够顺利联合形成欧洲联盟，最为核心的原因是较大程度上实现了制度统一，实施共同的农业政策、税收政策、社会政策、专利制度等。随着我国区域协调发展战略深入推进，跨行政区的城市群、经济区等区域日益成为引领高质量发展的重要空间载体，破除行政壁垒、加快制度一体化、降低乃至消除制度成本成为亟待破解的重要命题。成渝地区双城经济圈内应加快建立和完善全方位的城际政府间合作机制，通过构建良性的制度环境、合理的组织安排和完善的区域合作规则共同解决区域性、关键性问题，实现成本共当、利益共享。

互联互通、完善高效的交通网络是城市群形成和发展的必要硬件基础。高效联通运转的交通网络体系对城市群空间格局的形成和优化起着重要塑造作用。借助发达密集的交通网络，城市时空距离被有效缩短，加强了城市间的人流、物流、信息流等生产要素多向高效流动，将城市更紧密地连接起来。国内外各城市群均高度重视区域交通网络体系建设，通过交通网络强化城市群内部及对外的联系、互通。日本太平洋沿岸城市群凭借放射状、高密度的立体交通路网促进了各城市间的深度互动和融合。国内京津冀、长三角、粤港澳大湾区等城市群历来关注区域交通联通能力，当前正在加快打造轨道上的都市圈。相比东部沿海发达城市群，成渝地区双城经济圈对内对外交通联通能力偏低，城市间经济社会联系相对松散，导致自身内部循环及国内国际循环参与不足，应加快推进区域内部交通和对外大通道建设，增强相互之间的连接性和进入性，促进人口、经济、社会、文化等各方面的频繁交流，推动一体化发展格局加速形成。

第三节　非政府组织层面

区域一体化涉及政府、企业、社会公众等多元利益群体。构建多元利益群体广泛参与的垂直管理与水平治理相结合的矩阵式区域治理网络，将有效提高区域管理效率与公平，弥补“市场失灵”和“政府失灵”。在非政府组织层面，鼓励社会团体参与区域一体化建设是国外发达城市群的普遍做法。例如，美国东北部大西洋沿岸城市群采取的是典型的以民间组织为主、政府为辅的联合协调模式，纽约区域规划协会作为非营利性的民间规划组织在纽约州、新泽西州和康涅狄格州的规划中发挥着重要的专业作用。相比美国，日本实行高度中央集权的行政管理体制，但东海道城市群各单元城市依然创新思想、大胆探索，建立了若干自上而下的、非正式的协调机制，成为政府主导的区域协调机制的有益补充，保证了处理具体区域问题时的针对性和灵活性。成渝地区双城经济圈一体化过程中要鼓励成立经济联合会、产业联盟、信息联盟等非政府组织，积极调动社会各方力量积极参与、共同行动。

第三篇

推动成渝地区双城经济圈发展：历程和基础

川渝两地是我国西部人口、城镇密集区，也是西部经济最为发达的地区。1997 年重庆成为我国第四个直辖市，自此川渝两地经济联系由省内行政区间的合作转变为跨省级行政区间的合作，由此产生了成渝经济走廊、成渝经济区、成渝城市群和成渝地区双城经济圈等区域发展概念。尽管成渝两地行政隶属关系发生了变化，但经济联系却一如既往地紧密，从未发生改变。两地历史文化相近、资源禀赋互补、经济联系紧密、产业高度关联、市场腹地共享等是成渝地区双城经济圈一体化发展的重要基础。

第八章　成渝地区双城经济圈一体化发展历程

成渝地区的发展先后经历了成渝经济区、成渝城市群和成渝地区双城经济圈等发展阶段，人们对成渝地区区域发展规律认识逐渐加深。成渝地区双城经济圈的概念突出了“双城”二字，即发挥重庆和成都这两个国家中心城市的作用，以中心城市带动经济带或都市圈，以都市圈支撑城市群，以城市群促进区域发展。

第一节　成渝经济走廊（1997—2003 年）

1997 年，重庆成为直辖市，标志重庆和四川分治。2001 年，国家“十五”规划纲要提出实施西部大开发战略，长江上游经济带的重要地位进一步凸显。2001 年年底，成渝两地共同签订《重庆—成都经济合作会谈纪要》，首次提出要联合打造成渝经济走廊，在交通设施建设、商贸流通产业、汽车摩托车产业及零部件、旅游等领域进行全方位合作交流。2003 年，国家发展改革委为“十一五”规划组织区域经济发展专题调研，“成渝经济区”作为一个区域经济体开始进入中央层面。同年，中国科学院发布了《中国西部大开发重点区域规划前期研究》的研究报告。报告指出，在未来的 5 年到 10 年，中国西部地区依托成渝两大城市和外围中心城市，构筑形成双核型城市群，努力成为西部地区的战略支撑点，在人口集聚、产业集中、信息交流和科技创新、文化交往方面成为区域性的中心和长江经济带的核心。

第二节　成渝经济区（2004—2013 年）

2004 年，国务院西部开发办规划组在《中国西部大开发中重点经济带研究》中指出："长江上游经济带的空间布局特征是'蝌蚪型经济带'，区域中心是成渝经济区"①。同年四川、重庆签署了《关于加强川渝经济社会领域合作，共谋长江上游经济区发展的框架协议》，同时签署的还有两省市之间关于重大交通能源基础设施项目建设、农业和农村经济、公安机关警务联勤工作、旅游、文化发展、广播电视事业发展 6 项合作协议，标志着此前一直停留在学术界和商界的川渝经济一体化讨论终于上升到政府层面。2006 年，国家西部大开发"十一五"规划出台，明确提出要建设成渝经济区。2007 年，四川和重庆两省（市）政府签署《关于推进川渝合作、共建成渝经济区的协议》，提出要以重庆、成都为龙头，共同将成渝经济区建成国家新的增长极。2008 年，四川和重庆两省（市）签署《关于深化川渝经济合作框架协议》，成渝经济区正式诞生。

2009 年，国家发展改革委编制的《成渝经济区区域规划》结合川渝两地相关区（市县）发展实际，从国家层面明确了成渝经济区的功能定位、发展目标和功能布局，继而提出推动成渝经济一体化的支持政策措施。《成渝经济区区域规划》的出台是成渝经济区从地方层面上升为国家层面的重要标志。2011 年，国务院通过并正式批复《成渝经济区区域规划》，要求成渝经济区加快构建分工明确、布局合理的城镇体系，这表明成渝经济区进入了快速发展阶段。

---

① 徐承红．成渝经济区的因由及其面临的现实问题[J]．改革,2010(7):34.

专栏 8－1　成渝经济区阶段川渝签署的合作协议①

2004 年，川渝签署“1＋6”合作协议。包括：《关于加强川渝经济社会领域合作，共谋长江上游经济区发展的框架协议》；6 项专项合作协议：《关于共同推进川渝两省市重大交通能源基础设施项目建设的合作协议》《关于加强川渝两省市文化合作共谋文化发展的协议》《关于农业和农村经济合作的协议》《关于进一步加强川渝两省市公安机关警务联勤工作的协议》《关于共同推进川渝两省市广播电视事业产业发展的合作协议》《关于加强川渝两省市旅游合作的协议》。

2007 年，川渝签署 3 项合作协议。包括《关于推进川渝合作、共建成渝经济区的协议》《川渝毗邻地区合作互动框架协议》《川渝知识产权合作协议》。

第三节　成渝城市群（2015—2019 年）

2014 年，《国家新型城镇化规划（2014—2020 年）》正式出台，提出加快培育成渝、中原、长江中游、哈长等城市群，使之成为推动国土空间均衡开发、引领区域经济发展的重要增长极。2015 年，川渝两省（市）政府联合签署《关于加强两省市合作共筑成渝城市群工作备忘录》，明确将推进六个方面的一体化，包括交通、信息、市场、环保、产业和公共服务。2016 年，《中华人民共和国国民经济和社会发展第十三个五年规划纲要》提出加快城市群建设，培育中西部地区城市群，发展壮大东北地区、中原地区、长江中游地区、

① 徐承红．成渝经济区的因由及其面临的现实问题[J]．改革，2010(7)：34.

成渝地区、关中平原城市群①。同年，国家发展改革委发布《成渝城市群发展规划》，明确了成渝城市群是引领西部地区开发开放的国家级城市群这一定位，并提出要协同推动产业分工和合作，促进交通、能源、水利等基础设施互联互通，推进生态环境共建共治，强化对内对外开放合作等领域发力，加快建设成渝城市群。

2016 年 6 月，四川省党政代表团赴重庆学习考察，川渝两省（市）签署《深化川渝务实合作 2016 年重点工作方案》及 10 个专项合作协议。同年，川滇黔渝四省（市）签署《关于建立长江上游地区省际协商合作机制的协议》。2018 年，中共中央、国务院发布《关于建立更加有效的区域协调发展新机制的意见》，明确要求以重庆、成都为中心，引领成渝城市群发展，带动相关板块融合发展②。2018 年 6 月，四川省党政代表团赴重庆学习考察，川渝两省（市）签署了“1 + 12”行动计划和专项合作协议。2019 年 3 月，国家发展改革委发布《2019 年新型城镇化建设重点任务》，要求“研究提出支持成渝城市群高质量发展的政策举措，培育形成新的重要增长极”③。2019 年 7 月，重庆党政代表团赴四川省考察，川渝两省（市）签署了“2 + 16”共 18 个协议（方案）。

在这一阶段，成渝两地相向发展、一体发展的意识更加强烈，签订了多项政府合作协议，交通、信息、市场、环保、产业、公共服务等多领域协作“全面开花”，为一体化发展奠定了良好基础。经过多年努力，两地在区域交通（尤其是跨行政区交通设施）、现代农业、商贸流通、教育科技等领域合作不断加强，毗邻区域合作不断深化，非毗邻地区积极推进一体化建设和协同发展趋势日益明显。

---

① 第十二届全国人民代表大会第四次会议关于国民经济和社会发展第十三个五年规划纲要的决议[J]. 中华人民共和国全国人民代表大会常务委员会公报,2016(2):242 – 322.

② 中共中央国务院关于建立更加有效的区域协调发展新机制的意见[N]. 人民日报,2018 – 11 – 30(1).

③ 国家发展改革委印发《2019 年新型城镇化建设重点任务》[J]. 中国商界,2019(5):91.

专栏 8-2　成渝城市群阶段川渝重点合作事项

2016 年，川渝签署“1 + 10”合作协议。包括：《深化川渝务实合作 2016 年重点工作方案》；10 个专项合作协议：《进一步加强应急管理合作协议》《工业和信息化合作协议》《合作共建产业园区协议》《共同推动两地人力资源社会保障公共服务互助发展合作协议》《川剧发展及石窟保护合作协议》《区域食品药品安全稽查执法合作协议》《信息通信行业监管区域合作协议》《万州达州战略合作框架协议》《渝北邻水战略合作框架协议》《共建川渝合作荣隆工业园框架协议》。

2018 年，川渝签署“1 + 12”行动计划和专项合作协议。包括：《重庆市人民政府、四川省人民政府深化川渝合作深入推动长江经济带发展行动计划（2018—2022 年）》；12 项专项合作协议：《深入推进川渝合作示范区（广安片区）建设合作协议》《推动科技协调创新战略合作协议》《共同推进长江上游生态环境保护合作协议》《跨省界河流联防联控合作协议》《共建长江上游生态屏障合作协议》《共同推动市场监管合作协议》《推进区域协同发展战略合作协议》《深化基础设施互联互通和文化旅游合作协议》《推进区域协同发展战略合作协议》《推进沿江开放发展战略合作协议》《深化临空经济和车产业发展合作协议》《物流业协同发展合作协议》。

2019 年，川渝签署“2 + 16”合作协议和 1 项战略合作协议。包括：2 个方案（协议）：《深化川渝合作推进成渝城市群一体化发展重点工作方案》《重庆市人民政府 四川省人民政府关于合作共建中新（重庆）战略性互联互通示范项目“国际陆海贸易新通道”的框架协议》。16 项专项协议：《共建合作联盟备忘录》《推进成渝城市群产业协作共兴 2019 年重点工作方案》《推进成渝城市群生态环境联防联治 2019 年重点工作方案》《推进成渝城市群交通基础设施互联互通 2019 年重点工作方案》《推进成渝城市群开放平台共建共享 2019 年重点工作方案》《推进成渝城市群无障碍旅游合作2019年重点工作方案》《推进成渝城市群市场监管体系一体化2019年重点工作方案》《深化规划和自然资源领域合作助推成渝城市群一体化发展协议》《深化建筑业协调发展战略合作协议》《推动乡村振兴共建巴蜀美丽乡村示范带战略合作协议》《川渝合作示范区（广安片区）2019年重点工作方案》《川渝合作示范区（潼南片区）2019年重点工作方案》《成渝轴线区（市）县协同发展联盟2019年重点工作方案》《深化川渝合作推动泸内荣永协同发展战略合作协议》《深化达（州）万（州）一体化发展2019年重点工作方案》《共建成渝中部产业集聚示范区合作协议》。1项战略合作协议：《深化建筑业协调发展战略合作协议》

第四节　成渝地区双城经济圈（2020年至今）

2020年1月，习近平总书记在中央财经委员会第六次会议明确提出，“推动成渝地区双城经济圈建设，有利于在西部形成高质量发展的重要增长极，打造内陆开放战略高地，对于推动高质量发展具有重要意义”，明确了“具有全国影响力的重要经济中心、科技创新中心、改革开放新高地、高品质生活宜居地”四大定位和“加强交通基础设施建设，加快现代产业体系建设，增强协同创新发展能力，优化国土空间布局，加强生态环境保护，推进体制创新，强化公共服务共建共享”七大重点任务①。

成渝地区双城经济圈发展战略内涵丰富、指向明确，具有深邃的历史思维和发展思想。其承载空间是“成渝地区”，核心引擎是成渝“双城”，发展目标是建设“经济圈”。从空间承载方面看，成渝地区双城经济圈空间上涵盖

① 习近平主持召开中央财经委员会第六次会议强调 抓好黄河流域生态保护和高质量发展 大力推动成渝地区双城经济圈建设[J]. 当代党员，2020(2)：11.

具有巨大发展潜力的经济板块——成渝地区，具备经济集聚、产业升级、创新创业等良好基础，是支撑国家区域协调发展的重要经济板块，也是推动落实国家区域协调发展战略、强化西部高质量发展示范带动效应、加快破解东中西不平衡不充分问题、形成东西南北四极驱动、长江上下游首位呼应新格局的重要空间板块。从成渝“双城”看，成都和重庆是当仁不让的“双核、双引擎、双枢纽”，需要强化要素集聚、产业引领、创新驱动、开放示范、交通枢纽等作用，加快辐射带动成渝地区高质量发展。从发展目标看，成渝地区要充分发挥成渝“双核”、核心增长极和动力源作用，通过资源要素流动交换和配置加快承载经济集聚、创新策源、开放交往、生态建设等核心功能，并通过紧密连接的功能板块进行系统整合，形成形态完整、功能复合、相互依存、动态发展的地域经济空间组织系统，即经济圈。重点应当包括城市与城市的融合，城市与乡村的融合、三次产业的融合、基础设施的融合、公共服务的融合、生产生活生态的融合等，是经济、社会、生态等的聚合体。

第五节　推动成渝地区双城经济圈一体化发展的重大意义

成渝地区双城经济圈位于中国西部，处于“一带一路”和长江经济带的联结点上，是西部大开发的重要战略支点，在国家发展大局中具有重要战略地位。加快推动成渝地区双城经济圈一体化发展对于促进重庆和四川两省（市）高质量发展，更好地完成国家赋予成渝地区的重大任务和重大使命意义重大。

一、顺应区域和城市发展客观规律，赢得新一轮城市化发展红利的客观要求

城市是现代经济体系的枢纽和组织节点，是人流、物流、资本流、技术流和信息流在空间上的聚合体。城市发展历程的突出特点是城市空间结构由单体向群体的膨胀、扩张，是由点状向线状再到块状的向心和离心，也是区

域经济节点拓展和向网络优化的演变，这一过程的内在动力在于资源集聚效应和规模经济①。

回顾世界城市和区域发展实践，大体经历了四个阶段。一是城市形成阶段。强化经济分工协作、推动产业迭代升级、寻求资源利用效率最大化是现代城市加速发展的基本动力。城市也是相关要素加快集聚的重要承载主体，在集聚和看效应的带动下，城市规模迅速扩大，区域经济快速发展。二是都市圈形成阶段。为了缓解资源和功能过度集中带来的城市问题，城市内部的功能逐步向城郊区扩散，城市与周边区域或板块形成了功能各异、分工协作、有机联动的“分散式集中”布局模式，即都市圈。都市圈的出现有效化解了因人口和功能过度集中在单一空间而引发的规模不经济问题②。三是城市群形成阶段。随着社会化分工的进一步细化和现代信息技术对区域发展的快速推动，单个都市圈往往不能承担城市群协同发展的重任，需要在更大空间范围内配置资源和深化合作，以资源的整合提升要素配置效率。在这个阶段，联系紧密的都市圈之间空间开始重叠、功能开始互补、产业分工更加精细化。于是，都市圈之间的重叠地带或“相切地带”逐步形成城市连绵区，从而在重叠范围扩大基础上形成城市群，成为区域经济增长、协调互动、协同竞争的核心支撑力。四是区域一体化发展阶段。当城市群发展到一定阶段，城市群内部各个经济单元，尤其是中心城市及其周围支点、节点城市经济联系进一步紧密，产业分工进一步细化，以中心城市为核心带动区域一体化发展成为提升经济运行效率和资源利用效率的必然举措。

当前，成渝地区的发展整体上处于工业化和城镇化中期，个别区域板块或经济单元发展已进入工业化和城镇化中后期。加快推动双城经济圈一体化发展，一是有利于成渝两地在开放中合作，在合作中共赢，进一步放大重庆

① 李林．现代化都市圈引领城市群高质量发展的路径——以成渝城市群为例[J]．开发研究，2020(1):47-53.

② 李林．现代化都市圈引领城市群高质量发展的路径——以成渝城市群为例[J]．开发研究，2020(1):47-53.

和成都两大国家中心城市核心引领作用，带动周边区域协同发展，在加快新型工业化和城镇化过程中赢得新一轮城市化发展红利，实现成渝地区新的崛起和高质量发展；二是有利于成都和重庆两大国家中心城市顺应城市和区域发展客观规律，围绕国家区域协调发展战略和对外开放战略，加快推动规划协同、市场统一、设施互联互通等领域深度合作，在西部形成高质量发展的重要增长极，引领和带动西部地区开放发展和高质量发展。

二、适应全球经济地理格局演变，抢抓“一带一路”发展重大机遇的必然举措

技术革命是全球经济地理格局演变的重要引导力量。第一次工业革命形成了以欧洲为中心的全球经济格局，第二次工业革命使得全球贸易由欧洲向美洲和亚洲拓展，并在第一次世界大战后逐步由欧洲转移至北美地区。第二次世界大战后，亚太地区经济快速发展，欧洲经济开始复苏，形成了“多中心”“多极化”发展格局。

2013 年，顺应全球经济地理格局的变化，习近平总书记提出“一带一路”倡议，并在世界范围内得到了 100 多个国家和国际组织的高度支持和认可，此举为联合国实现 2030 年可持续发展目标提供了重要平台，开启了全球治理新模式，谱写各国合作共赢新篇章。“一带一路”倡议的提出，在巩固和扩大东部沿海地区开放基础上进一步加大了向南与东盟及南亚地区、向西与欧亚版块的开放力度，推动形成“陆上丝绸之路+海上丝绸之路”并举、“陆海内外联动、东西双向互济”的新一轮对外开放新格局，为我国西部地区扩大经济发展腹地、促进区域互动合作和产业集聚发展注入新的力量。

成渝地区双城经济圈是中国全面开放格局背景下向西开放、向南开放的重要支撑，也是“一带一路”和长江经济带的重要联结点。在全球经济地理“多中心”“多极化”格局背景下，必须把成渝地区双城经济圈的发展置于全球经济体系中，放眼国际合作、置身全球坐标，在“一带一路”建设中发挥重要作用。推动成渝地区双城经济圈发展，一是有利于依托成渝地区沟通东

中西、连接国内外的独特区位优势，抢抓“一带一路”重大发展机遇，将西部地区发展腹地向欧亚、南亚、东南亚板块拓展和延伸，进一步提升西部地区对外贸易便利化水平，形成以双城经济圈为中转枢纽的西部对外开放格局，推动西部内陆区域成为面向欧亚开放的重要战略前沿阵地，增强国家向西开放支撑力；二是有利于充分发挥重庆与成都两大国家中心城市的集聚与辐射作用，强化成渝地区双城经济圈与“一带一路”沿线国家和地区的产业、技术与经贸合作，促进西部地区在资源开发、产业协同、贸易往来、金融合作等领域与“一带一路”沿线国家和地区实现互补共赢，形成全方位、宽领域、多层次合作共建体制机制，巩固和提升“一带一路”建设成果。

三、适应国内经济地理格局演变，成为西部大开发和长江经济带建设重要支撑的迫切需要

新中国成立以来，先进生产力在沿海、沿江、沿边口岸城市登陆并发育，随后沿着主要交通路线向内陆腹地深入，最终促进了全国广大地区传统经济的转型和新兴生产力的发展。这一“自东向西，由边及里”的“港口—腹地”模式对近代交通和贸易体系、城市格局、区域经济等各方面产生了深远影响，从根本上改变了近代中国的经济地理格局，也使得中国区域经济差异由“南北为主”转变为“东西为主”。

党的十八以来，推动区域协调发展正式成为新时代重大战略。在加快实施区域协调发展战略指引下，国家层面相继在东部地区布局了京津冀、长三角、珠三角三大世界级城市群，形成以北京、天津带动京津冀城市群、以上海为中心引领长三角城市群、以粤港澳大湾区为中心引领珠三角城市群的对外开放和发展格局。中西部地区受区位条件和经济发展水平限制，城市群发展质量和水平显著低于东部地区，东中西部区域发展不平衡、不充分问题依然突出①。

① 李林．推动成渝城市群高质量一体化发展[N]．重庆日报，2019－04－11(7)．

成渝地区双城经济圈地处我国西部和长江上游地区，是西部大开发和长江经济带战略的重要支撑地域。按照党中央战略部署，加快推动成渝地区双城经济圈一体化发展，使其成为具有全国影响力的重要经济中心、科技创新中心、改革开放新高地、高品质生活宜居地，一是有助于在我国西部地区形成高质量发展的重要增长极，并借助长江经济带加速推动我国经济由沿海向内陆纵深拓展，改变我国“东强西弱”发展局面，破解区域发展不平衡、不充分问题，构建起新时代区域协调发展新格局；二是有助于通过西部陆海新通道引领和带动西部地区一体化发展，打造我国内陆开放走廊，形成“一带一路”经中国西部地区的完整环线，推动西部区域协调发展和高质量发展；三是有助于充分整合成渝两地优势资源，推进生态环境共保共治共享，加快形成绿色低碳的生产生活方式，共同夯实绿色发展基础，筑牢长江上游重要生态屏障。

四、能带动区域和城乡协调发展，成为实现全面小康、奔向现代化重要示范和重要抓手

改革开放四十年来，凭借优越的综合区位、政策的密集投放、改革开放先发优势，沿海地区取得举世瞩目的巨大成就。在改革开放战略、东部沿海率先发展及重大设施、重大政策等推动下，东部地区实现了“率先发展”。与此同时，西部地区受基础设施建设滞后、发展基础薄弱等因素制约，整体发展水平始终滞后于东部地区。2000 年，党中央、国务院作出西部大开发重大战略决策。近 20 年来，西部地区经济社会发展取得长足进步，城乡面貌大为改善，打基础、建平台的任务已经初步完成。但总体看来，我国东中西部地区发展仍不平衡、不充分，“东强西弱”的格局仍没有得到有效改变，西部地区整体属于欠发达水平，西部地区内部各经济板块之间以及城乡之间发展不协调、不均衡、不充分的现状仍没有得到根本性改变。推进西部大开发在新时代形成新的格局，需要加快提升西部地区新型城镇化水平，进而逐步缩小城乡差距和区域差距，推动“五化同步”，促进西部地区全面实现步入小康社

会、奔向现代化。

提升西部地区新型城镇化水平，离不开龙头城市群和核心城市的带动和引领。新时代，布局在我国西部地区的成渝、关中平原、北部湾、呼包鄂榆、黔中、滇中、兰州—西宁、宁夏沿黄、天山北坡等城市群将承担生产要素集聚、创新引领、区域组织管理和辐射带动周边等重要功能，进而成为西部地区重要增长极和区域经济引领者。其中，与其他地区相比，成渝地区双城经济圈处于“一带一路”和长江经济带的联结点，区位条件优越，产业基础雄厚，不管从经济规模、产业体系、设施等发展基础看还是从发展机遇看都具有同处西部的其他区域不可比拟的优势。推动成渝地区双城经济圈一体化发展在某种意义上将成为缩小区域发展差距、城乡发展差距的示范行为，将成为内陆地区探索对外开放新高地和样板区。

推动成渝地区双城经济圈一体化发展，一是有利于依托重庆和成都两大国家中心城市，将重庆主城都市区和成都都市圈做强做优，推动渝西片区、渝东北片区以及川东地区分层次、差异化、一体式发展，形成“大—中—小”城市协调发展的“多极支撑”，进而促进成渝地区新型城镇化向高质量发展迈进，为推动西部地区新型城镇化、缩小城乡和区域差距提供示范；二是有利于推动成渝地区形成一体化市场，降低运行成本和制度成本，促进经济要素充分自由流动和区域经济做大做强，带动和引领实现乡村全面振兴，逐步缩小城乡差距和区域差距，为促进我国西部地区实现区域协调和城乡协调发展提供示范和发展样板。

第九章　成渝地区双城经济圈一体化发展的基础

资源禀赋互补、历史文化相近、经济联系紧密、产业高度关联、市场腹地共享等是成渝地区双城经济圈发展的重要基础。重庆市直辖以来，特别是党的十九大以来，成渝地区双城经济圈一体化发展的基础日益深厚，一体化发展需求愈加迫切①。

第一节　支撑条件

一、川渝两地历史国脉、文化同源、地理同域、经济同体

历史文化是一个国家和民族的精神命脉，凝聚了国家和民族的智慧、情感、意志和追求。重庆与四川地缘相近、人缘相亲、文缘相承、商缘相通，为深化两地合作、加快成渝地区双城经济圈一体化建设提供了有力保障。

历史同脉、文化同源。早在春秋时期就形成了以重庆为代表的巴国和以成都为中心的蜀国，巴国文化与蜀国文化合称为“巴蜀文化”，具有5000余年发展历史，在中国上古三大文化体系中占有重要地位，与齐鲁文化、三晋文化等地域文化共同构成辉煌灿烂的中国文明②。巴蜀文化是川渝两地人民智慧的结晶，体现了两地人民在经济社会建设中共同的意志和追求。川渝“一

---

① 易小光．大力推动成渝地区双城经济圈一体化发展[J]．今日重庆,2020(6):17－19.

② 甘成英,毛晓红．巴蜀文化对李白诗歌艺术风格的浸润[J]．西南科技大学学报:哲学社会科学版,2014,31(2):89－93,103.

家亲”，说一样的方言，看一样的川戏，喜一样的“麻辣”，两地民间社会文化交流频繁，逐步走向融合。文化相通性使成渝地区一体化发展的社会认同感和城际黏性增强，有利于川渝两地携手推动文化资源向经济资源和智力资源转化，增强了成渝地区高质量一体化发展的软实力。

地理同域、经济同体。重庆和四川地处四川盆地，自然资源禀赋丰富、气候适宜、人口众多，为成渝地区双城经济圈建设提供了强有力的支撑。川渝两地同是南方丝绸之路的起点，自古以来经济联系紧密，联合对外贸易密切，为川渝合作共建成渝地区双城经济圈打下了坚实的基础。新时代，四川和重庆作为西部陆海新通道的起点，“一带一路”和长江经济带交汇点，已然成为内陆开放的前沿地带。川渝两地在国家战略和国际贸易中的地位不断凸显，有利于构建区域经济共同体，建立统一开放的区域大市场，推动成渝地区一体化发展。

二、川渝合作不断纵深推进

川渝两地在政府和市场双重推动下已成为彼此重要的引进内资来源地，川渝合作“遍地开花”“硕果累累”，使成渝地区双城经济圈一体化发展基础更为坚实。

川渝合作示范区建设稳步推进。川渝合作示范区（广安片区、潼南片区、合江片区）和川渝合作共赢先行区（荣昌）建设成效显著，对成渝地区双城经济圈一体化发展起到有力的带动示范作用。广安片区与重庆在交通、产业、科技、医疗等领域合作不断加强。广安市过境高速公路东环线及渝广高速支线已开工建设。邻水县城南机电产业园、高滩川渝合作示范园新引进重庆项目 48 个，高滩园区挂牌的“重庆两江新区配套产业园”正加快对接。广安与重庆联合推出“红岩魂、川渝情、访伟人故里”红色旅游精品线路，重庆—广安红色旅游专列开通工作加快推进。广安粮油、蔬菜、柑橘、生猪等农产品的 70% 销往重庆市场。潼南片区深化与四川各方面的合作，成效突显。潼南至安岳、南充—潼南—泸州高速公路项目已开工建设。南充—潼南—泸州城际铁路、成南达万高铁线路调整过境潼南等项目前期工作稳步推进。重庆与广安片区建立科技信息共享机制、医疗机构医学检验互认机制和校级合作机制。合江片区深入实施“融入重庆”开放战略，完成了川渝合作示范区发展规划编制，规划了建设占地1300亩的川渝合作（合江）产业园，完成了园区“五通一平”①，启动了标准化厂房建设，现已入驻重庆企业16家。渝赤叙高速、G353（合江—江津段）前期工作正稳步推进。荣昌建设成渝地区新兴战略稳步推进。2017年，荣昌区发起“渝西川东经济社会发展协作会”，13个市（区、县）参会，共签署79项发展合作协议。2019年，荣昌和泸州签约共建物流无水港、城市候机厅，荣泸两地物流产业全方位合作正式开启。荣昌国家货运机场成功纳入中新互联互通12个重点项目，荣泸内（江）三地联合打造国际物流“金三角”，加快推进。

成渝发展主轴及其他区域合作不断深化。成渝发展主轴各区（县）协作力度逐步加强，成为成渝“两极”功能外溢和产业转移的重要承载地。成渝发展主轴产业合作渐入佳境。资阳稳步推进成渝中部产业集聚示范区建设，已与成渝两地511户企业签约，落地建设的近100户。渝资（阳）合作翻开新篇，联合推出安岳石刻—大足石刻等精品旅游线路，四川现代、南骏汽车与中国汽车工程研究院开展技术合作，岱摩斯、羽佳模塑为重庆长安、潍柴等车企配套，川渝共建轨道交通关键零部件数字化铸造工厂示范工程在资阳启动投产。遂宁的电子信息、机械与装备制造、现代文旅等主导产业精准对接重庆市场。四川天齐锂业在重庆铜梁设立生产基地，四川建安车桥公司在重庆南岸区建立生产基地。永川龙头企业重庆理文造纸有限公司携手四川造纸企业共同打造永川区首个百亿元产业集群。成渝地区其他区域合作持续落地开花。重庆再升科技股份有限公司在达州宣汉投资建立子公司生产玻璃纤维。达州20%以上的农产品供给重庆，重庆企业在达州投资项目累计达200余个，总投资额超1000亿元。南达万高铁、达万直线高速公路、渝西高铁、达万铁路扩能改造等项目前期工作都稳步推进，达州和万州建设陆海新通道

① 五通一平：通上水、通下水、通电、通路、通讯、平整土地。

集散中心，两地大宗物质双向进出便捷大通道加快构建。

新时代川渝毗邻地区合作渐入佳境。成渝地区双城经济圈战略提出后，川渝两省（市）迅速行动，制定并出台了《川渝毗邻地区合作共建区域发展功能平台推进方案》，明确要共建各具优势和特色的区域发展功能平台，探索经济区与行政区适度分离，率先在规划统筹、政策协调、协同创新、共建共享等方面取得实质性突破，为成渝地区双城经济圈高质量发展提供重要支撑①。

专栏9－1　成渝地区双城经济圈毗邻地区合作平台

1. 打造川东北渝东北地区一体化发展功能平台。加快创建万达开川渝统筹发展示范区，推动梁平、垫江、达川、大竹、开江、邻水等环明月山地区打造明月山绿色发展示范带，支持城口、宣汉、万源建设革命老区振兴、发展示范区。

2. 打造成渝中部地区协同发展功能平台。推动广安、渝北共建高滩茨竹新区，支持合川、广安、长寿打造环重庆主城都市区经济协同发展示范区，推进遂宁、潼南建设一体化发展先行区，推动资阳、大足共建文旅融合发展示范区。

3. 打造川南渝西地区融合发展功能平台。推动内江、荣昌共建现代农业高新技术产业示范区，加快泸州、永川、江津以跨行政区组团发展模式建设融合发展示范区。

三、基础设施互联互通水平稳步提高

基础设施，尤其是交通基础设施的互联互通是区域一体化发展的重要先导和支撑。近年来，成渝地区大力推进交通、信息、能源等基础设施建设，设施互联互通水平显著提升，成渝地区双城经济圈一体化发展的支撑能力不断强化。

① 助力“双城记”，川渝共建9个毗邻地区合作平台[J]. 产城，2020(8)：16－17.

交通设施互联互通水平显著提升。当前，成渝地区已形成航空、铁路、水路、公路立体交通网络体系，内畅外联的交通格局初步形成，对外联通水平稳步提升。成渝地区双城经济圈位于我国“十纵十横”综合运输大通道中的包头至防城港运输通道、临河至磨憨运输通道、北京至昆明运输通道、额济纳至广州运输通道、额济纳至广州运输通道、沿江运输通道、厦门至喀什运输通道七大通道交汇处，拥有我国重点打造的成都—重庆国际性综合交通枢纽，交通区位优势十分明显。目前，已形成以重庆江北国际机场和成都双流国际机场两大枢纽机场为核心的机场群，以果园港为核心的内河港口群，以及以西成客专、兰渝铁路、川黔铁路等铁路为主的对外大通道，使成渝地区双城经济圈加快融入“一带一路”倡议、长江经济带高质量发展和西部陆海新通道建设等国家战略，为打造西部高质量发展的重要增长极提供有力保障。

内部交通联通水平持续提升。1952 年，成渝铁路建成通车，有力地促进了西南地区物资流通。1995 年，成渝高速全线通车，连接川渝腹心地带简阳市、隆昌县等 14 个市（县、区）。2009 年，成渝动车开通，将成渝之间的交流划进 2 小时区间。2015 年，成渝高铁正式开通运行，成渝两地通勤时间进一步缩短。当前，成渝每天开行高铁、动车有 70 多班，通行时间由原来的 3 小时压缩到 1 小时，成渝“双城生活”已成为现实。重庆已建设形成以中心城区为核心的“一枢纽十干线”铁路网、“三环十二射多连线”高速公路网，四川初步建设形成以成都为起点的“八射三联”综合运输大通道，核心城市间、核心城市与周边城市间、相邻城市间 1 小时抵达的交通圈基本形成。同时，成渝中线高铁、成达万高铁已纳入建设规划，连接川东北、渝西和川南地区的南（充）—大（足）—泸（州）高速公路等重点项目建设已启动，内部互联互通水平将进一步提升。

能源、通信等其他设施互联互通取得突破。川电入渝、百 G 数据链路等重大能源、通信项目加快推进。川渝电网一体化建设加快推进，2018 年川水电送渝达到 53 亿千瓦 · 时。2019 年 9 月，川渝携手建设的涪江干流双江航电枢纽正式开工，标志着涪江全江渠化和全流域复航工程建设提速。以重点区域工作为突破的通讯一体化稳步推进，2018 年 6 月广安市邻水县高滩川渝合作示范园正式启用“023”电话区号，成为四川省内首个启用重庆电话区号的地方。四川、重庆携手成立长征渠①引水工程协调小组，横跨川渝的长征渠引水工程进入实质性勘测阶段。

专栏 9－2　重庆市和四川省主要交通路网

重庆市：

“一枢纽十干线”铁路网。即重庆主城铁路客货运枢纽；成渝铁路（重庆—成都）、遂渝铁路（重庆—遂宁）、渝怀铁路（重庆—怀化）、渝黔铁路（重庆—贵阳）、襄渝铁路（重庆—襄阳）、渝利铁路（重庆—利川）、兰渝铁路（重庆—兰州）、渝黔新线（重庆—贵阳）、成渝客专（重庆—成都）、郑渝铁路（重庆—郑州）。

“三环十二射多连线”高速公路网。“三环”：内环快速路、重庆绕城高速（G5001）、三环高速；“十二射”：成渝高速、渝蓉高速、渝遂高速、渝武高速、渝广高速、渝邻高速、渝宜高速、沪渝高速、渝湘高速、渝黔高速、主城—江津—习水、渝泸高速；“多连线”：镇平—巫溪—奉节—建始，四川开江—万州—利川，梁平—忠县—石柱—黔江，垫江—丰都—武隆—道真，安岳—潼南—合川—两江新区—南川，合川—璧山—江津，南充—大足—泸州。

四川省：

“八射三联”大通道。“八射”：成都—川东北—京津冀通道、成都—川东北—长三角通道、成渝通道、成都—川南—珠三角通道、成都—攀西—东盟通道、川藏南通道、川藏北通道、成都—兰西格通道；“三联”：重庆—川南—东盟通道、陕西—川东北—重庆通道、兰渝通道。

---

① 长征渠将从四川眉山市洪雅县境内的青衣江干流引水，横跨四川的眉山、乐山、内江、资阳、自贡、宜宾、泸州 7 个市和重庆市西部，沿途灌溉面积 9333.33 平方千米。目前，长征渠引水工程论证和建设已纳入国务院批复的《长江流域综合规划》项目库，也是深化川渝合作的重点水利项目。

四、现代城镇体系较为完善

当前，重庆、四川分别实施“一区两群”① “一干多支”② 发展战略，着力发挥城镇化对区域一体化发展的引领作用，成渝地区双城经济圈初步形成了以成渝两大国家中心城市、4 个大城市、多个区域中心（节点）城市和若干中小城市等为核心的较为完善的现代城镇体系。

一是重庆、成都的两大核心城市的辐射引领作用不断加强。重庆和成都是建设成渝地区双城经济圈的引擎。2019 年，重庆中心城区、成都市经济总量分别为 9334.22 亿元、17012.65 亿元，分别占重庆市和四川省的 39.54%、36.5%，人均 GDP 分别为 106107 元、103386 元，比重庆市和四川省平均水平高出 39.93%、85.37%；两个城市的综合经济实力较强，辐射引领能力突出。2019 年，重庆中心城区、成都市城区常住人口分别超过 800 万人、1000 万人，入列特大城市、超大城市队伍。以两大城市为核心的都市区加快培育，2019 年，主城都市区、成都都市群居民分别超过 2000 万人、2500 万人，GDP 分别占重庆 GDP 的 77.01% 和四川 GDP 的 46.14%，成渝地区双城经济圈一体化发展动力支撑进一步稳固。二是中心（节点）城市支撑作用凸显。2019 年，绵阳、德阳、宜宾、南充、泸州、达州 6 个市 GDP 超过 2000 亿元。南充、绵阳、宜宾、泸州等中心（节点）城市的城市规模和经济实力明显扩大和提升，主导产业发展加快，辐射带动成都平原区、川东北地区、川南丘陵地区等城乡均衡发展。涪陵区 GDP 突破 1000 亿元大关，万州、永川 2 个区 GDP 接近 1000 亿元，城镇化率分别达到 69.77%、67.46%、71.27%。万州作为区域性枢纽城

① 一区两群是重庆市委、市政府深入贯彻习近平总书记重要指示精神的具体举措，是推动重庆新时代高质量发展的战略部署。其中，“一区”指主城都市区，“两群”指渝东北三峡库区城镇群和渝东南武陵山区城镇群。

② 一干多支、五区协同：中共四川省委十一届三次全会提出实施“一干多支”发展战略，构建“一干多支、五区协同”区域发展新格局。其中，“一干”指成都“主干”，“多支”指环成都经济圈、川南经济区、川东北经济区和攀西经济区。“五区协同”指推动成都平原经济区（含成都和环成都经济圈）、川南经济区、川东北经济区、攀西经济区、川西北生态示范区协同发展。

市，对渝东北三峡库区城镇群及川东北地区的辐射作用不断增强。永川、涪陵辐射周边的作用更加凸显。三是中小城市特色化发展、联系日益紧密。成渝地区双城经济圈大部分城市属于人口 100 万人以下的中小城市。中小城市加快推动新型城镇化建设，特色化发展趋势明显。2019 年，成渝地区的内江、自贡、遂宁、广安、江津 5 个市 GDP 超过 1000 亿元。成渝地区县城（区）和建制镇分布密集，各级各类城镇间联系日益密切（见表 9－1 和表 9－2）。

表 9－1　成渝地区重点城市基本情况

城市	GDP（亿元）	三次产业结构	人均 GDP（元）	城镇人口（万人）	常住人口城镇化率（%）
重庆主城	9334.22	1.1:30.5:68.4	106107	806.71	91.22
成都	17012.65	3.6:30.8:65.6	103386	1233.79	74.41
万州	920.91	9.0:28.7:62.3	55854	111.32	67.46
黔江	229.44	11. 9:33.0:55.1	47318	25.35	52.17
绵阳	2856.20	10.6:40.3:49.1	58685	264	54.13
南充	2322.22	17.4:40.4:42.2	36073	319.95	49.72
乐山	1863.31	13.0:43.0:44.0	56965	174.5	53.36
泸州	2081.26	10.4:49.1:40.5	48105	225.10	52.00
宜宾	2601.89	10.7:50.3:39.0	57003	234.09	51.19
涪陵	1178.66	6.1:55.2:38.6	100814	81.65	69.77
长寿	701.24	7.4:57.4:35.2	81681	58.46	67.82
江津	1036.74	9.9:57.3:32. 8	74452	97.52	69.76
合川	912.51	9.9:47.3:42.8	64284	101.07	70.59
永川	952.69	7.1:54.1:38. 9	83383	81.47	71.27
南川	333.95	16.3:35.5:48.2	55948	37.58	62.35
綦江	682.73	10.1:46.2:43.7	61941	70.79	64.08
大足	645.83	8.2:55.4:36.4	81876	47.38	60.05
璧山	681.02	4.9:52.5:42.6	90621	45.45	60.20
铜梁	616.56	7.8:55.8:36.4	84914	42.38	58.36
潼南	451.08	14.6:45.1:40.2	62368	40.33	55.56
荣昌	652.54	8.3:52.5:39.1	90889	42.04	58.36
梁平	464.15	10.9:51.4:37.7	70749	31.51	47.89

续表

城市	GDP（亿元）	三次产业结构	人均 GDP（元）	城镇人口（万人）	常住人口城镇化率（%）
丰都	305.83	13.1∶42.4∶44.5	51929	28.38	47.88
垫江	416.86	12.2∶47.1∶40.7	58638	34.57	48.01
忠县	396.94	12.0∶43.6∶44.4	53184	34.96	46.37
开州	505.59	14.3∶41.6∶44.1	42800	58.58	49.58
云阳	431.25	12. 9∶37.0∶50.1	46420	42.12	45.46
达州	2041.5	16.4∶34.6∶48.5	35090	270.63	47.14
内江	1433.30	16.8∶34.2∶49.0	38743	187.15	50.58
自贡	1428.49	14.2∶40.1∶45.7	48904	158.05	54.09
德阳	2335.9	10.0∶50.7∶39.3	65597	191.94	53.9
眉山	1380.20	14.4∶38.2∶47.4	46167	143.3	47.83
遂宁	1345.73	13.8∶45.7∶40.5	42115	164.3	51.52
资阳	777.8	18.3∶30.6∶51.1	31013	110.5	44.1
广安	1250.4	16.3∶32.9∶50.8	38522	140.6	43.3
雅安	723.79	17.7∶31.4∶50.9	46984	74.54	48.37

表 9－2　中心（节点）城市主导产业

城市	主导产业
绵阳	节能环保、汽车、新材料、食品、装备制造、电子信息六大重点产业
乐山	光电信息、先进材料、绿色化工三大主导产业
南充	汽车汽配、油气化工、丝纺服装等产业
宜宾	智能终端、轨道交通、汽车、通用航空、新材料、节能环保、医药器械、页岩气等高端成长型产业和绿色食品加工业、竹产业等“8＋2”产业
泸州	电子信息、装备制造、航空航天、新能源新材料、现代医药“1＋4”新兴产业
万州	智能装备、绿色照明、食品医药、汽车、新材料等五大主导产业
永川	食品药品、盐气化工、新材料新能源、机械电子、纺织服装等产业
涪陵	医疗食品、装备制造、化工化纤、电子信息、清洁能源等产业

五、经济发展潜力和腹地较为广阔

经济活动是指在大城市之间、大城市与中小城市及更为广阔的腹地之间进行的资源的空间集聚和扩散。经济腹地对地区资源整合配置具有重要的影响。成渝地区双城经济圈腹地广阔，有利于在更大空间范围内配置市场要素，建设为西部高质量发展的重要增长极。一是从成渝地区内部看，成渝地区广阔腹地为重庆、成都“双核”提供了经济社会发展必需的人力资源、土地资源等发展要素以及空间承载条件。同时，“双核”实力的壮大也会推动创新、资金等要素及公共服务向经济腹地外溢，形成“双向共促”的协调发展格局。同样，万州、绵阳等中心城市与周边的联动过程中也会形成半径不等的经济腹地，使区域一体化发展基础更为牢固。二是从外部发展看，成渝地区双城经济圈处在“一带一路”和长江经济带的交汇点，经济整体规模和发展质量远高于西南其他地区，对周边地区的辐射带动能力较强。成渝地区双城经济圈立足西南、辐射西北、面向欧亚，随着西部陆海新通道的建设加快推进，经济腹地范围将进一步扩大，资源要素集聚能力和经济辐射能力不断提升。

第二节 制约因素

与长三角、珠三角、京津冀等地区相比，成渝地区双城经济圈一体化进程依然较为缓慢，面临着诸多矛盾和障碍。

一、统筹协调机制不健全

行政体制分割形成了追求本区域利益优先和利益最大化的发展思维惯性。在协调层面，缺少高层次的统筹协调机制，川渝两地规划难以有效对接；在落实层面，缺乏区域合作办公室之类的合作推进机构，尚未细化形成一批促进重大项目协调推进、招商引资协同开展、合作项目成本共担利益分享的精准化政策。同时，行政壁垒的客观存在也导致成渝地区双城经济圈难以形成统一开放的市场体系，川渝两地人才、土地、资本等要素流动受阻。川渝两地亟待建立健全合作协调机制，破除利益固化的藩篱，激发上下联动、横向协同的强大合力，为成渝地区双城经济圈一体化发展营造良好的政策环境①。

二、城镇体系有待进一步完善

川渝地区整体上处于西部地区和内陆地区，2019 年成渝地区常住人口城镇化率为 60.1%，低于全国平均水平，城镇化发展水平和质量还不够高。尽管成渝地区形成了超大城市、特大城市、大城市、中小城市的城镇体系，但城市间协调发展的格局尚未形成。成都、重庆“双核独大”，重庆中心城区和成都市区建成区面积超过其余都市区内市（区）城市建区面积总和。除重庆中心城区、成都外，人口超过百万人的大城市较少，经济总量排行第二位的绵阳市 GDP 仅为成都市的 16.79%、重庆（中心城区）的 30.6%。重庆中心城区和成都市之间，缺少经济总量大、带动效应明显、支撑能力强的区域中心城市（或次级城市）作为成渝两大国家中心城市相向发展的纽带和支撑。次级城市实力不强、带动效应不明显，也反映出双城经济圈内部发展不充分、不平衡的问题，城乡融合发展有待进一步加强。

三、基础设施互联互通程度不高

长期以来，川渝地区受地形复杂多样的影响，基础设施支撑相对薄弱、历史欠账较多。铁路建设依然滞后，目前仅成绵、成渝、渝万三条具有城际功能的铁路开通，核心城市与周边城市间实现轨道交通公交式运营的快速轨道交通线网较为薄弱，较长三角地区差距明显。连接成都、重庆的交通主动脉已经打通，但从成渝地区整体来看，还未构建起功能完善、高效快捷的城际交通网络体系。沿江港口建设统筹力度不够，航道等级整体水平依然不高，四川省四级及以上的高等级航道仅占 13.1%，长江黄金水道宜宾—重庆段能力不足，航运存在过坝能力瓶颈制约，枯水期仅 1000 吨级的船舶可以通行。以重庆、成都等为起点的中欧班列运输有待进一步优化，目前中欧班列（成

① 易小光．大力推动成渝地区双城经济圈一体化发展[J]．今日重庆，2020(6)：17－19.

都）运营成本较高，重载率尤其是回程重载率偏低，境外货物运输的组织和协调能力需进一步增强（见表9－3和表9－4）。

表9－3　部分省（市）交通主要指标对比表

主要指标	单位	重庆	四川	贵州	湖北	湖南	陕西
一、200千米/小时及以上铁路里程	千米	937	1564	1369	1532	1923	1132
铁路面积	千米/万平方千米	114	32	78	82	91	55
6个省（市）铁路里程排名	位	6	2	4	3	1	5
二、高速公路里程	千米	3235	7523	7002	6707	6802	5593
高速公路面积	千米/百平方千米	3.92	1.54	3.98	3.61	3.21	2.72
6个省（市）高速公路面积排名	位	2	6	1	3	4	5
三、二级及以上普通国省干线公路比例	%	52	50	48	84.1	54	73.5
6个省（市）二级及以上普通国省干线公路排名	位	4	5	6	1	3	2
其中二级及以上普通国道比例	%	81	62.2	69.8	94.1	82.5	65.3
6个省（市）二级及以上普通国道排名	位	3	6	4	1	2	5
四、省会城市民航机场旅客吞吐量	万人次	4479	5586	2191	2715	2691	4722
6个省（市）省会城市民航机场旅客吞吐量排名	位	3	1	6	4	5	2
货邮吞吐量	万吨	41.2	67.2	12.0	24.3	17.6	38.2
6个省（市）货邮吞吐量排名	位	2	1	6	4	5	3

表9－4　2019年重点城市中欧班列开行情况统计

名称	开行时间	班列		货值	
		年度班列	累计班列	年度货值	累计货值
中欧班列（重庆）	2011年1月	1524班	4539班	547亿元	1800亿元
中欧班列（成都）	2013年4月	1576班	约4600班	约50亿美元	—
中欧班列（西安）	2013年11月	2133班	约3500班	约47亿美元	—
中欧班列（郑州）	2013年7月	1000班	2760班	33.54亿美元	117.8亿美元
中欧班列（武汉）	2012年10月	322班	约1500班	约150亿元	—

四、跨区域共建共享共保共治机制尚不健全

尽管川渝两省（市）初步建立了联席会议制度，但更高层面的跨区域共建共享共保共治协调机制仍不健全，一体化发展缺乏具体“路线图”和“施工图”。特别是，科技创新协同发展机制依旧不健全，使得布局在成渝地区的国家重点实验室、高等院校等国家级科研创新主体、重大科研平台的融合不够，科技资源共享难度较大。基础设施建设时序不一致、建设标准不统一，共建共享机制依然不完善，导致川渝两地基础设施存在多处“中梗阻”和“断头路”。四川在规划泸州、自贡、内江等川南片区的城市快轨建设时缺乏与相邻的重庆荣昌和大足的对接。

第四篇

推动成渝地区双城经济圈一体化发展：思路和路径

推动成渝地区双城经济圈一体化发展是一项长期的系统工程，不能一蹴而就，必须瞄准方向、保持定力、一以贯之、久久为功。需要深入对接国家重大发展战略，在国家层面、川渝省级层面、区县（市）层面加快一体化发展思路创新和路径创新，逐步放大优势，加速补足短板，着力完善功能，促进一体化发展。在若干关系全局、事关长远的重点领域和关键环节攻坚突破，加快推动成渝地区双城经济圈一体化发展，加快成为具有全国影响力的重要经济中心、科技创新中心、改革开放新高地、高品质生活宜居地，努力在西部形成高质量发展的重要增长极，为全面推动我国区域协调发展，形成全方位、高水平对外开放格局作出更大贡献。

第十章　成渝地区双城经济圈一体化发展的思路

眼界决定境界，思路决定出路。推动成渝地区双城经济圈一体化发展，首先要解决好站位和思路两大问题。站位决定眼界，也提供了谋划发展思路的基本位势和前提。只有站位高，眼界才能更宽，思路才能有创新、有科学性和可行性。确立成渝地区双城经济圈一体化发展思路，必须把成渝地区置身于全球发展格局、全国发展大局中统筹谋划，必须紧扣建设社会主义现代化国家宏伟目标，在清醒认识、系统分析成渝地区发展实际和需求基础上从战略谋划和战术执行方面双向发力，在高质量发展和高水平开放中善作善为，系统思考、统筹谋划发展目标和具体路径。

第一节　基本思路

以习近平新时代中国特色社会主义思想为指导，深入贯彻、落实习近平总书记视察重庆、四川重要讲话精神和中央财经委员会第六次会议决策部署；准确把握我国正面临“世界百年未有之大变局”和“中华民族伟大复兴之大局”两个大局的时代背景，坚持以人民为中心的发展思想，坚定不移地贯彻新发展理念，坚持推动高质量发展；坚持以供给侧结构性改革为主线，更加注重从全局谋划一域、以一域服务全局，强化顶层设计；以体制机制创新为主题，以协调共进共赢为主线，以绿色共保为底色，以开放合作为抓手，以民生共享为目标；围绕“加强交通基础设施建设，加快现代产业体系建设，增强协同创新发展能力，优化国土空间布局，加强生态环境保护，推进体制创新，强化公共服务共建共享”七大重点任务，加快推进起步成势、全面提速和系统推进，将成渝地区建设成为具有全国影响力的重要经济中心、科技创新中心、改革开放新高地、高品质生活宜居地；更好地发挥政府推动作用、市场基础作用和社会参与作用，唱好“双城记”、建好“经济圈”、融入“双循环”，为助推全国经济高质量发展作出新的、更大的贡献。

以体制机制创新为主题。体制机制创新是成渝地区双城经济圈一体化发展行稳致远的基础和前提。需要正确发挥政府在顶层设计、机制创新、一体规划、城乡区域融合等领域的重要作用，加快建立更加有效、更加高效的一体化体制机制。需要加快推动成渝两地多层面规划有机融合，逐步消除行政壁垒，促进资源要素有序自由流动，建设统一开放的市场体系。需要通过打破行政壁垒，不断降低制度性交易成本，营造高水平营商环境。需要推动科技协同创新，构建一体化创新机制，打造区域创新共同体，推动区域全面系统创新。

以协调共进共赢为主线。着眼于一盘棋谋划、一体化发展，进一步发挥重庆和成都两大国家中心城市“双核”引领带动和集聚辐射作用，川东片区、重庆主城新区和渝东北、渝东南等区域各扬所长、一体化部署、协同推进，深化城乡融合、区域融合、生产生活生态融合发展和跨区域、多领域的全面合作，提升区域综合发展实力和整体竞争力，加快构筑分工合理、优势互补、各具特色的协调发展新格局，为全国推动区域协调发展探索新路。

以绿色共保为底色。成渝地区地处长江上游，对长江中下游地区的生态安全具有不可替代的屏障作用，对维护国家生态安全至关重要。围绕共建长江上游重要生态屏障，深入践行“绿水青山就是金山银山”理念，坚定贯彻山水林田湖草是生命共同体的思想，充分发挥长江上游生态保护、江城和山地特色城镇建设、生态产业体系建设的示范作用，协同推进生态环境共保联治，形成绿色、低碳、循环的生产生活方式，共同打造绿色发展底色，构建新时代生态文明建设样本重要试验区，为打造长江上游重要生态屏障、确保国家生态安全提供强大支撑。

以开放合作为抓手。当今世界正处于大发展大变革大调整时期，世界经济格局和秩序加速演变。我国进入充满挑战的重要战略机遇期，所面对的外部环境更加复杂、困难，必须于变局中开新局，加快塑造以国内大循环为主体、国内国际双循环相互促进的新发展格局。外部形势越是严峻，大门越是要开得更大，合作之路越是要走得更深。因此，要围绕“一带一路”倡议和西部陆海贸易新通道建设战略，高举新时代改革开放旗帜，在开放中合作、在合作中共赢。要打造具有较高水平的开放合作平台，深入对接和融入国际通行的投资贸易规则，释放改革、创新和区域协同叠加效应，不断培育我国国际合作和竞争新优势，营造良好发展环境，构建开放发展新体制，建设改革开放新高地。

以民生共享为目标。人民立场是党的根本立场，为人民谋幸福是党的根本使命，坚持全心全意为人民服务是党的根本宗旨，保障和改善民生是具体体现。完成成渝地区双城经济圈建设使命，就是要始终着眼于实现好、维护好最广大人民根本利益。要以民生共享为目标，围绕促进高品质生活不断增加优质公共服务供给，优化资源空间配置，完善优化公共服务共享体制机制，扩大服务共享范围和设施共建领域，使人民能够高效共享改革开放成果，让成渝地区双城经济圈居民在一体化发展中有更多获得感、幸福感、安全感，建设高品质生活宜居地（见图 10 - 1）。

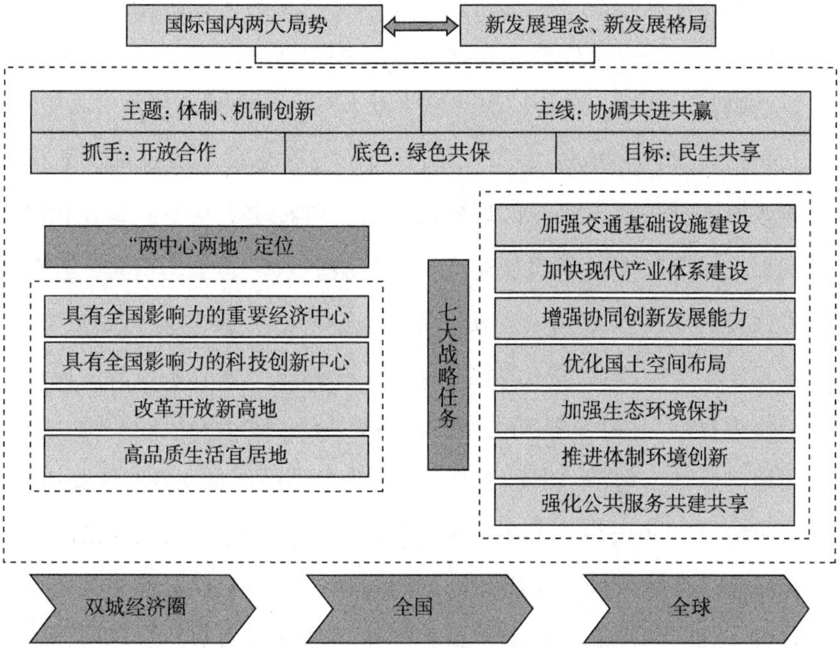

图 10－1　成渝地区双城经济圈一体化发展思路框图

第二节　发展目标

科学设立成渝地区双城经济圈一体化发展目标，需要紧密结合国家赋予成渝地区具有全国影响力的重要经济中心、科技创新中心、改革开放新高地、高品质生活宜居地“两中心两地”的目标定位，科学认识区域一体化演变、发展的一般规律，结合自身发展实际，准确把握一体化节奏和力度，在不同的时间节点确立具有可行性和差异性的目标。

第一阶段（2021—2025 年）：起步成势，聚势起航。使成渝地区双城经济圈一体化发展取得实质性进展。跨行政区区域、城市乡村等一体化发展达到较高水平，在科技创新、基础设施、生态绿色、公共服务等领域基本实现一体化协同和共建共享发展，加快建立一体化发展的体制机制。枢纽型、功能性、网络化的基础设施体系和可持续发展生态格局全面建成，行政壁垒和体制机制障碍基本消除，重庆、成都等国家中心城市辐射带动作用显著增强。

第二阶段（2026—2035年）：协同融合，高效集成。成渝地区双城经济圈一体化发展达到较高水平。区域经济实力、科技实力跃升，现代化经济体系基本成型，城乡区域差距明显缩小，公共服务水平趋于均衡化，互联互通水平显著提升，资源要素高效、便捷流动。一体化发展体制机制更加完善，行政壁垒和体制机制障碍彻底消除。重庆、成都两个核心城市成为国际化现代城市，作为我国重要经济中心、科技创新中心、改革开放新高地、高品质生活宜居地的影响力和带动力显著增强，成为西部高质量发展的重要增长极。

第三阶段（2036—2050年）：系统引领，辐射全球。成渝地区双城经济圈一体化实现高质量发展。重庆和成都两大核心城市全球影响力和带动力得到显著提升，在产业发展、技术创新和文化交流等方面加速全球范围内的渗透和融合，成为全球城市网络中的一个重要节点、中国创新发展的驱动器和动力源，在全球范围内的引领和控制功能快速提升，成为全面建成社会主义现代化强国的重要支撑（见图10－2）。

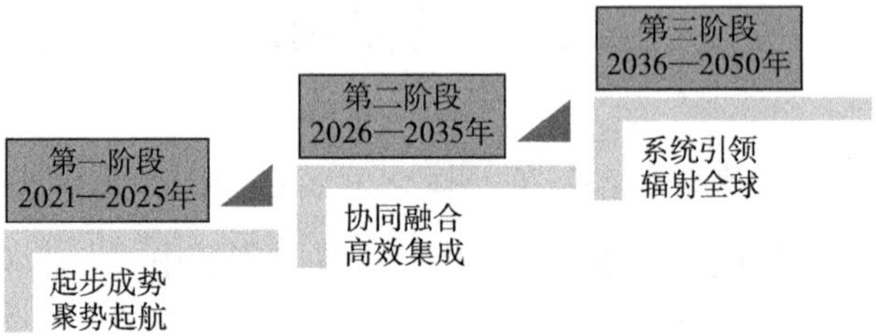

图10－2　双城经济圈一体化发展三段式目标

第十一章　成渝地区双城经济圈一体化发展的路径研究

建设成渝地区双城经济圈是党中央赋予川、渝两地的重要历史使命，也是成渝地区推动实现高质量发展的重大历史机遇。川渝两地应紧紧围绕“两中心两地”战略定位，持续强化“一家亲”意识、树牢“一盘棋”思维、深入贯彻“一体化”理念，“同心合力办好合作的事情”，在制度对接、市场统一、产业协同、设施联通、服务共享、区域治理、开放联动等领域深耕细作，积累土之力起九层之台，将双城经济圈建设成为具有全球影响力的先进区域。

第一节　强化多层面规划融合和协同落实

综观国际国内，规划作为国家现代治理的重要工具，在区域一体化发展中起着重要引导作用。当前，国家层面已经出台统领性的《成渝地区双城经济圈建设规划纲要》，但具体领域的专项规划尚未出台，且由于长期以来川渝两地背向发展以及缺乏规划和落实监督考核机制，川渝地方层面规划对接不紧、协同推进不力，导致规划治理效能未能充分释放。建设成渝地区双城经济圈、推进成渝地区统筹发展必须坚持和强化规划引领，健全、完善纵向贯通到底、横向协同到边的规划体系，推进国家顶层设计与地方探索互动有机结合，加强组织保障和监督考核，协力推动各级、各类规划落地落实，以规划凝聚成渝地区双城经济圈一体化发展合力。

一、加快建立健全国家顶层设计与地方探索互动纵横、有机结合的规划政策体系

一是完善国家层面“1＋N”规划体系，科学引领成渝地区双城经济圈建设。川渝两地统一思想和行动，全面贯彻落实《成渝地区双城经济圈建设规划纲要》（以下简称《规划纲要》），以最高层次顶层设计统领川渝地区发展。川渝两地携手，配合自然资源部、交通运输部等国家相关部委，抓紧共同研究、编制出台双城经济圈国土空间、多层次轨道交通、优势产业协同发展、科技创新共同攻关、生态环境共同保护、公共服务便利共享等专项规划，形成以《规划纲要》为统领的“1＋N”政策协同体系。加强成渝地区双城经济圈一体化发展与“一带一路”倡议和长江经济带、新一轮西部大开发、西部陆海新通道等宏观战略的深度对接，加强双城经济圈各项规划与其他国家战略相关规划，以及川渝各级地方层面规划与国家层面规划的纵向对接。

二是强化川渝省（市、区）等各级地方政府规划编制的横向衔接。根据《规划纲要》要求，结合重庆、四川发展实际，加快完善川渝两地各级政府专项规划、行动方案，共同研究出台市场、产业、创新、人才、投资等配套政策和综合改革措施，推动形成区域协同规划和政策体系。关注跨界问题，以跨界合作为突破口，加快编制出台九大毗邻地区合作共建区域发展功能平台规划，强化发展功能平台规划相互衔接。

三是探索成立双城经济圈区域规划协会。借鉴纽约区域规划协会、东京都市圈交通规划协会模式，加快建立成渝地区双城经济圈区域性的非政府专业规划机构，倾听和兼顾各方利益诉求，推动区域规划深度契合公众普遍呼声，满足区域发展的需要。

二、强化组织保障和监督考核，狠抓规划落实

一是建立国家层面的领导组织机构和全局统筹机制。参照京津冀、长三角、粤港澳等区域一体化发展经验，积极呼吁争取在国家层面成立由中央领导出任组长的成渝地区双城经济圈一体化发展领导小组，在重庆、四川层面相应成立省（市）级成渝地区双城经济圈一体化发展领导小组，强化纵向对接，自上而下统筹协调一体化发展中的各项工作。建立完善部际、部省（市）联席会议制度，加大川渝合作的国家统筹力度，全面协调跨省际、跨部门重大事项。

二是完善健全“决策层—协调层—执行层”三级运作、统分结合的川渝协商合作机制。完善川渝两省（市）党政主要领导互访机制，常态化持续开展重庆、四川党政联席会议，共商共策川渝一体化发展重大合作战略和全局性的重大合作事项，持续凝聚两地发展共识。完善常务副省长（市长）联席会议制度，定期研究和督促落实重大合作事项。发挥好推动成渝地区双城经济圈建设联合办公室作用，完善成渝干部互派挂职长效机制，扩大和提高川渝两地干部人才交流规模和频度，落实主要领导部署，协力推动双城经济圈各项发展协议、合作事项等落地落实。加强川渝交界区域的城际交流协商，提高渝西川东经济社会发展协作会、万达开川渝统筹发展示范区党政联席会议等次级区域协作机制的影响力，推动渝东北—川东北建立城际协商制度，加快成立成渝地区双城经济圈发展毗邻地区合作联盟。

三是加强规划执行的评估考核。川渝两省（市）共同对接国家主管部门，推动国家层面出台成渝地区双城经济圈发展的考核评估办法和机制，对成渝地区双城经济圈规划纲要实施情况进行动态监测评估和跟踪分析，将规划的执行效果纳入各级政府及相关负责人员工作政绩的考核内容中，加强监督问责。在深化政府内部评估的基础上，完善第三方评估和公众评估，形成多主体规划评估的监督机制。

专栏11－1　成渝地区双城经济圈内部次级区域协作机制

在成渝地区双城经济圈建设启动之前，川渝两地各市（区、县）就积极开展横向交流对接，建立跨省（区）自愿型经济协调组织，为川渝深度合作提供区县层面的有益探索和宝贵经验。

成渝直线经济联盟。2011年4月30日，重庆市大足区、双桥区、璧山区，四川省安岳县、乐至县、简阳市、龙泉驿区7个市（区、县）达成区域合作共识，成立成渝直线经济联盟，共同签署了《成渝直线经济联盟战略框架协议》，在旅游、工业、农业、基础设施建设等方面积极开展合作，协同打造成渝直线经济带。

渝西川东经济社会发展协作会。2007年，在四川省发展改革委和重庆市发展改革委的共同推动下，由重庆市荣昌区（原荣昌县）发起，重庆市荣昌区（原荣昌县）、大足区（原大足县）、原双桥区、潼南区（原潼南县）与四川省资阳市安岳县、内江市东兴区和隆昌县、泸州市泸县等渝西川东八区县共同成立经济社会发展协作会。每年举行一次，旨在从区（县）层面积极推进川渝合作。2015年，第七次会议特别邀请了四川省自贡市富顺县、泸州市龙马潭区和重庆市永川区参加，形成了“8＋3”区域合作新模式。2017年，渝西川东八区（县）经济社会发展协作会更名为渝西川东经济社会发展协作会。渝西川东经济社会发展协作会分布涵盖川渝两地共计11个市（区、县），土地面积1.4万平方千米、人口超过2000万人。随着成渝地区双城经济圈建设的深入推进，该区域作为川渝之间发展活跃的地区之一，融合发展的态势更趋明显。

创建万达开川渝统筹发展示范区党政联席会议。2020年4月9日在重庆市万州区成功举行创建万达开川渝统筹发展示范区党政联席会议第一次会议，2021年1月13日在四川省达州万源市举办第二次会议。一年来，万州、达州、开州三地围绕万达开川渝统筹发展示范区创建签订了70余项合作协议，推动落实了50余项重点合作事项。

第二节　建立统一、开放的大市场

商品及生产要素的市场一体化是区域一体化发展的重要基础和核心表征。当前，市场分割是我国区域一体化发展普遍面临的核心问题，行政分割、制度差异是制约我国区域内城际统一开放大市场形成的核心桎梏。成渝地区双城经济圈应将建立统一、开放的大市场建设放在突出位置，加快推进区域去行政化，减少政府对市场行为的过度干预，全面破除行政壁垒，统一市场规则，优化营商环境，努力形成开放、有序的一体化大市场，发挥市场机制作用，降低制度性交易成本，加快建立企业自主经营、公平竞争，消费者自由选择、自主消费，商品和生产要素自由流动、平等交换的一体化市场体系①。

一、健全和完善促进公平竞争的制度体系

一是联合深入落实执行公平竞争审查机制。加强川渝两地省际、城际市场监督管理局、发展改革委、工商管理局等相关部门的合作，建立成渝地区双城经济圈公平竞争审查制度推进工作组，探索采用交叉互检的方法，合力清理和废除含有地区封锁、妨碍公平竞争的地方性规定及各类优惠政策。在政府自查的基础上，联合组建由高校专家、企业家、消费者等利益相关者组成的社会团体，开展第三方评估工作。建立成渝地区双城经济圈统一的投诉举报渠道，及时曝光典型案例。

二是对标国际标准，统一市场规则、统一信用治理、统一市场监管。加强重庆、四川两省（市）的制度对接，建立成渝地区双城经济圈统一的市场准入退出、商品流通等规则标准体系，对区域内流通的两地商品和服务实行

① 中国共产党第十八届中央委员会第三次全体会议公报[EB/OL]. http://www.xinhuanet.com//politics/2013-11/12/c_118113455.htm.

同等待遇。探索建立成渝地区双城经济圈经营者集中申报和审查制度，支持投资者在成渝两地跨区域申办市场主体登记、跨区域投资发展。强调竞争中性，平等对待国有、民营和外资企业。推动川渝信用信息共享，实现“信用红黑名单”区域互认，强化信息协同监管，加大守信联合激励与失信联合惩戒力度①，形成双城经济圈内“一处失信、处处受限”的信用管理格局。建立统一的市场执法标准、重大舆情信息通报与监管协调机制，推动实现市场监管协调联动、消费者权益保护异地受理处置。

三是一体化推进“放管服”改革。加快大通关一体化，深化重庆境内口岸与四川泸州、宜宾口岸合作通关协作，实现两地口岸管理相关部门信息互换、监管互认、执法互助。推进川渝互联互通智慧政务建设，推动政务服务联通互认。

二、推动商品要素市场一体化

一是加快建立一体化商品市场。川渝两地统筹协同规划、布局商品流通设施，推动跨地域跨行业商品资源共享、商品市场互联互通，畅通成渝地区双城经济圈商品市场网络。统筹国际国内两个市场，大力推动内外贸融合发展，强化川渝各类进口口岸的合作，联合建立进出口商品全流程质量安全溯源管理平台，统筹川渝两地中欧班列资源，提高班列双向常态化运行质量、效益，共同提升中欧班列（成渝）品牌影响力，深化信息共享、模式共建、规则共定、仓位共享、线路互补、场站共用，联合构建国际供应链体系。放大西部陆海新通道效应，推进重庆自贸区与四川自贸区建设具有国际先进水平的国际贸易“单一窗口”，共同打造“一带一路”国际多式联运综合试验区，共同建设内陆最大自由贸易港。积极对接全球电子商务新模式、新规则、新标准，推动“国际物流+跨境电商”运贸一体化，联合加强数字化贸易平台

① 重庆市人民政府 四川省人民政府关于印发深化川渝合作深入推动长江经济带发展行动计划（2018—2022 年）的通知［EB/OL］. http://www.cq.gov.cn/zwgk/zfxxgkml/zfgb/2018/d14q/202101/t20210128_8839291.html.

建设和跨境电商国际合作，促进线上销售、线下展示，完善跨境商品种类，扩大跨境电商规模，合力打造面向“一带一路”的国际贸易高地。

二是加快推进劳动力市场一体化。深化户籍制度改革，重庆主城都市区、成都都市圈先行先试，推动户籍准入年限同城化累计互认、居住证互通互认，并逐步推广至覆盖双城经济圈全域范围。共同推进养老、失业等社会保险服务政策协同，完善川渝两地养老保险关系转移接续协商机制，推动养老保险关系无障碍转移，推动两地互认失业保险参保关系及参保年限，实现“跨区域、同待遇”领取失业保险。共建统一、开放的人力资源市场，推动人力资源服务许可、从业人员职业资格、人才职称等专业证书标准互认和两地通用，协同推进两地人力资源服务产业园区（市场）合作，以九大区域合作功能平台为核心，探索在川渝结合部地区规划建设一批省（市）级人力资源服务产业园区（市场）。加强高层次人才的协同引育和管理，共同搭建区域性高层次人才引进利用平台，加快双城经济圈人才需求、人才信息共享数据库建设，推动“重庆英才卡”与四川“天府英才卡”对等、互认，以高层次人才为重点对象，以“户口不迁、关系不转、身份不变、双向选择、能出能进”为导向，加快探索建立、健全人才柔性流动机制，逐步实现高层次人才两地共用共享，将双城经济圈建设成为具有全球竞争力的高端人才集聚区。联合搭建川渝统一、功能齐备、智能高效的公共就业服务平台，建立、健全区域流动人口就业及社会保障合作交流机制，加强流动人员人事档案服务管理协同。建立和完善成渝两地主要领导干部交流、轮岗和挂职机制，实现干部交流常态化、制度化。制订成渝地区双城经济圈联合开展劳动保障监察、调解仲裁等劳动者权益保护的具体办法。

三是加快推进金融市场一体化。川渝携手共同打造西部金融中心，共同争取国家金融创新试点政策先行先试。推动金融机构跨区域协作，支持两地金融机构互设分支机构和交叉持股，联合加强产品服务创新，优化在成渝地区双城经济圈的网点布局，建立统一的抵押质押制度，推进成渝地区双城经济圈内存取款、支付清算、异地存储和信用担保等业务同城化，鼓励西南证券在四川设立分支机构，降低跨行政区金融交易成本，加强两地金融机构在不良资产领域合作。协同推进区域性高层级资本要素交易所建设，依托天然气、页岩气等资源优势和重庆良好的铝产业基础，积极争取设立我国西部地区首个商品期货交易所，填补国内天然气、再生铝等期货交易品种空白，推动成渝两地区域股转中心“双城通”，争取联合设立西部证券交易所。探索联合发行成渝地区双城经济圈政府一般债券和专项债券。

四是建立统一的土地交易市场。推进双城经济圈内土地确权统一登记进行。深化农村宅基地、土地征收、集体经营性建设用地改革，认真总结大足、郫都、泸县集体经营性建设用地入市试点经验，探索建立双城经济圈统一的农村集体土地入市标准和入市增值收益分配制度。推动土地要素市场化配置综合改革，用好跨省补充耕地国家统筹机制，共同优先保障跨区域重大基础设施及生态环境工程类项目涉及的新增建设用地和占补平衡指标的使用，完善区域低效和闲置土地退出机制。加快统一区域土地政策，逐步协调川渝两地城镇土地使用税、耕地占用税征税幅度和标准，探索设立跨行政区域的双城经济圈土地执法机构，通过统一执法促进土地资源在区域内优化配置。完善重庆农村土地交易所功能，积极打造成渝地区双城经济圈的跨区域土地交易平台。

五是推动两地技术市场一体化。大力建设双城经济圈科技资源互联互通共享平台，利用大数据、人工智能、区块链等先进技术，推动川渝两地科研仪器、平台、成果、人才等科技资源互联互通、共享共用。加快统一两地技术市场服务规则，借鉴长三角区域技术市场联盟、京津冀技术转移协同创新联盟先进经验，加快双城经济圈技术转移服务平台联盟共建步伐，逐渐统一技术交易、自律监管等制度规则，定期开展技术成果转化、对接，推动两地科技成果双向转移。协同加大知识产权保护力度，推进川渝地区涉知识产权司法大数据共享互通，统一知识产权保全执法标准，完善异地保全通报和保障制度，形成异地保全工作合力。

第三节　深化产业协同发展

产业分工协作是区域一体化发展的经济基础和重要路径。当前，新一轮科技革命、产业革命正在世界各地蓬勃而深入地发展，全球产业链、创新链、供应链、价值链随之加速深度调整、重构，世界范围内的区域和城市群的产业协作从简单的“点式”要素协作阶段向基于产业链的多链融合的“链式”分工协作阶段加快迈进。成渝地区双城经济圈应紧紧围绕国家赋予的“建设具有全国影响力的重要经济中心”这一重要定位，发挥川渝两地城市各自比较优势，推动产业链、创新链、供应链、价值链多链融合发展①，链式优化城际产业分工协作和推动区域产业结构向中高端结构升级，合力推动区域性优势产业集群打造成世界级产业集群。

一、多链融合优化产业分工布局

一是基于产业链、供应链、资金链、价值链推进产业协同布局。链条式推进城际产业分工协作是长三角城市群、粤港澳大湾区产业发展的核心经验。成渝地区双城经济圈应充分学习和借鉴有益经验，加强川渝两地的产业发展规划对接，全产业链、全地域精准编制、描画“成渝地区双城经济圈产业协同发展地图”，全景式、可视化呈现区域产业空间集聚和产业链布局情况。按照产业规划和产业指南，一方面，依托两江新区、天府新区等国家级产业发展平台，突出补链强链，统筹和承接国内沿海发达地区及国际产业的转移，强化产业在重点区域的集聚发展；另一方面，清单式细化各城市优先承接和调整升级的产业目录，优化重点产业项目空间布局，聚焦产业链缺失和薄弱

① 易小光. 大力推动产业分工协作　建设成渝地区双城经济圈现代化产业体系[J]. 当代党员，2020(10):44-46.

环节，吸育培育一批企业主体，深化产业链上下游企业协作配套，推动重庆主城都市区、成都都市圈的产业配套环节向川渝其他地区有序延伸，构建大中小城市错位发展、差异布局、优势互补、协同共赢的现代产业体系。突出重庆主城都市区、成都都市圈的核心引领作用，重点布局研发设计、总部经济、高端制造等高端产业和产业链、价值链高端环节，打造具有全球竞争力的产业创新高地。川南渝西、川东北渝东北地区腹地城市突出支撑配套和特色发展，重点发展配套制造业、特色资源型工业、特色文旅、特色效益农业。聚焦汽车、电子信息、消费品工业、现代金融、商贸物流等重点产业，建立双城经济圈产业联盟，引导各协议联盟单位成员建立基于产业的配套的供需合作机制。

二是以创新链引领产业链完善升级。瞄准未来产业竞争力制高点，深化川渝科技创新合作，按照“一城多园”模式协同建好西部科学城，强化川渝两地科学城以及成都高新区、重庆高新区等国家级高新区协作，共同争取共同建设科研大装置、大平台、大团队，共享科创资源和科创成果，并依托西部科学城共建综合性国家科学中心。整合川渝两地高等院校、创新型企业等科创主体力量，整合科技创新资金，围绕汽车、摩托车、电子信息、生物医药等区域优势产业和人工智能、航空航天、新材料、新能源等未来产业发展需求，协同深化关键核心技术攻关，共同突破区域产业结构转型升级和未来产业培育的技术瓶颈，培育新业态新模式，延伸、完善和壮大区域产业链。加速科技成果向现实产品和生产力转化，共同搭建技术转移合作平台，联合建设一体化的技术交易市场，齐心协力将成渝地区打造成国家级科技成果交易和转化中心。

三是共抓共建毗邻地区产业协同发展平台与其他事项。突出毗邻地区在区域一体化发展中的连接点作用，持续完善川渝合作示范区经济协作联席会、成渝轴线经济联盟、渝西川东区县经济协作会等区域内部城市合作协调机制。加快推进川渝高竹新区、万达开川渝统筹发展示范区、遂潼一体化发展先行区、泸永江融合发展示范区等川渝毗邻地区区域发展功能平台建设，协同布局建设一批区域性产业协作项目。纵深推进广安、潼南、铜梁、合江等川渝合作示范区建设，探索将示范区建设纳入成渝地区双城经济圈区域合作办公室单列直管范围，赋予示范区更大的发展自主权，推动异地共建“飞地园区”取得更多、更大的实质性进展。

二、高水平协同打造重点产业集群

一是协同推动成渝地区支柱制造业迭代升级。充分发挥成渝地区制造业比较优势，聚焦消费升级方向，推动汽车、电子信息、装备制造、消费品工业等优势产业集群发展，合力打造世界级先进制造业集群。汽车产业以智能化、网联化、绿色化、轻量化、共享化为主攻方向，重庆突出智能制造，成都突出自动驾驶及场景创新，在整车研发设计、关键零部件配套、检测服务平台建设等方面深化川渝合作，共建高水平汽车产业研发生产制造基地。电子信息产业协同推进核心器件、集成电路、新型显示、信息安全等领域关键技术攻关，丰富电子终端产品类型，打造世界级电子信息产业集群，巩固提升成渝地区作为全球计算机、手机生产基地的优势地位。装备制造产业突出智能化、成套化、系统化三大方向，推动现有装备产品升级，聚焦智能装备、航空航天、轨道交通、能源装备、节能环保装备、仪器仪表、数控机床等领域深化合作，共育世界级装备制造产业集群。消费品工业突出“增品种、提品质、创品牌”，深度植入工业设计、文化创意元素，统筹江津、泸州、遵义白酒“金三角”建设，推动川菜、火锅、小面等地方特色美食工业化、规模化生产，推动造纸、家具、皮革等轻工行业加快绿色化改造，推动纺织服装业品牌化、市场化、个性化发展，共建世界级消费品产业集群。以数字技术赋能产业发展，在成渝地区尤其是重点工业城市、工业集聚区（带）加快建设数字化车间和智能工厂，提升生产效率。

二是合力打造具有全国乃至全球影响力的现代服务业优势集群。共同打造西部金融，突出结算交易功能，积极培育各类金融机构和要素市场，共同争取国家在川渝地区布局一批区域性银行、要素市场等金融机构；依托中新

（重庆）战略性互联互通示范项目，深化金融合作开放，争取国家金融创新试点政策在成渝地区先行先试，深化金融产品和业态创新，探索与“一带一路”沿线国家的国际金融科技认证认可合作。共建现代物流产业集群，整合铁路、公路、港口、航空等物流基地资源，大力发展“通道+枢纽+网络”的现代物流体系，统一两地物流标准，引进、培育具有国际影响力的第三方物流企业集团，提升物流服务实体经济能力，做大做强国际物流、供应链物流、智能物流、枢纽物流，共建国际货运中心。共建大健康产业集群，推动生物医药、医疗器械等制造业和健康管理、养老养生等服务业融合发展，引导支持川渝两地医疗机构、医药企业深化合作，共同提升成渝地区医疗服务业、医药及器械制造业竞争力。共建巴蜀文化旅游走廊，促进川渝两地文化旅游资源开放共享，共同开发川剧等巴蜀文化旅游产品，联合打造跨省区精品旅游线路，加强巴渝村寨保护性开发，依托特色自然风光、民俗风情、农事活动等，大力发展巴蜀乡村旅游。

三、建立健全产业协作机制

一是推动经济区与行政区适度分离，建立、完善产业协作的成本共担利益共享制度。深化 GDP 分计和财税协同，探索统一川渝两地地方税种征收标准，探索建立双城经济圈财政税收分享机制，推进成渝两地研产分离项目以及产业转移项目输出地区与承接地区，按一定比例分计 GDP 和地方税收分成。建立健全飞地园区各方以及企业总部与分支机构所在地的财税利益分享机制。逐步统一川渝两地产业招商政策，消除税收返还、土地租金等优惠政策的地方差异，防止“拼政策”的恶性招商竞争。推进独角兽企业、瞪羚企业、高新技术企业等企业资质在成渝地区双城经济圈内互通互认，享受同等优惠政策。

二是共同成立产业协同发展基金。为强化区域产业发展的资金保障，京津冀地区于 2017 年由国家发展改革委、财政部、工业和信息化部牵头，联合北京、天津、河北两市一省政府及开发投资公司、金融机构等投资主体，设立了京津冀产业协同发展投资基金，长三角城市群随后在2018年由上海国际集团联合浙江、上海、安徽主要金融机构、国有企业和社会资本共同发起设立千亿级的长三角地区协同优势产业基金。成渝地区应学习、借鉴京津冀、长三角先进经验，争取国家和川渝两地共同投资建立双城经济圈产业发展统筹基金①，重点支持汽车、电子信息、消费品工业等优势产业集群发展成世界级产业集群。

第四节　推动重大基础设施的互联互通互用

基础设施的互联互通互用是区域实现产业、市场、公共服务等领域一体化的必要硬件方面的支撑。当前，我国不同层级区域一体化发展均面临着基础设施不通畅的障碍，成渝地区双城经济圈受山地地形、地貌和欠发达发展阶段等多因素影响，一体化发展的设施障碍更为明显。因此，成渝地区双城经济圈应该充分利用西部陆海新通道建设契机，共同推动以交通、信息为核心的基础设施建设，加快构建互联互通、分工合作、管理协同的基础设施体系，以设施联通支撑成渝地区更好地全面连接全国和全球。

一、加快构建互联互通、高效运转的基础设施网络体系

一是畅通对外通道和内部交通。川渝两地携手沿线省份合力共建西部陆海新通道，共同完善交通物流设施，协力提升主通道干线运输能力，提升重庆通道物流和运营组织中心功能，增强通道集货能力，推动西部陆海新通道与亚欧通道、长江水道有效衔接，形成多通道网络效应。共同补齐成渝地区双城经济圈对外联通的高铁短板（尤其是重庆高铁短板），共同推进沪汉渝蓉

① 易小光．大力推动产业分工协作　建设成渝地区双城经济圈现代化产业体系[J]．当代党员，2020(10):44-46.

沿江高铁、渝西高铁、渝昆高铁重庆至宜宾段、兰渝高铁重庆—遂宁—绵阳段等高速铁路大通道建设。共建世界级机场集群，加快重庆第二枢纽机场和货运机场建设，加强空运市场和政策协同，共同争取在川渝地区布局主基地航空公司和航权、时刻、空域等航运资源配置，加密和拓展国际客运航线网络，增强成渝地区航空全球连接能力和服务辐射能力。完善成渝地区双城经济圈城市间交通网络体系，以轨道交通为重点，推进重庆主城都市区和成都都市圈同周边城市形成“一小时通勤圈”。加密城际铁路网和快速公路网，推动成渝中线高铁、重庆至遂宁城际铁路等项目建设，合力推进重庆主城至万州、达州等重点节点城市的重要高铁干线建设；携手加快推进渝广高速支线、合川至资阳、永川至泸州、大足至内江等高速公路建设。加快打通交界地带的公路断头路、瓶颈路。共同推进长江上游航道系统化治理，强化重庆境内港口与四川境内泸州、宜宾港口的分工协作，开辟达州—万州港通江达海新通道，共同向国家争取缩短外贸集装箱船舶的三峡过闸时间。

二是构建高速、共享的信息网络。依托重庆国家级互联网骨干直联点、中新（重庆）国际互联网数据专用通道等骨干项目，加快5G、物联网等新型信息基础设施建设，强化互联网国际数据专用通道建设，提升国内国际信息联通能力。共同推动网络资费合理下降和信息通信服务提档升级，开展川渝地区双城经济圈无线频谱资源共享试点。推动电子政务平台跨部门跨城市横向对接和数据共享，建设成渝地区双城经济圈政务信息协同平台。按照世界级智慧城市标准协同推进重庆、成都、绵阳等智慧城市建设。推进川渝数据共建共享，积极争取国家支持川渝共建国际数据港，联合争取在川渝布局国际数据储备、灾备中心等数据服务功能，消除信息孤岛，打造一体共享联动的信息服务网络。

二、完善基础设施共建共享机制

一是加强基础设施规划和建设标准对接。按照统一、分级、协调、高效原则，加强川渝两地各级各类基础设施规划编制、规划实施的深度对接，统一成渝地区双城经济圈内基础设施建设涉及的拆迁补偿标准、设计规范、行政审批流程及时效规定，加强基础设施建设的对接性、同步性。

二是建立设施运营管理层面的共享共用机制。建立基础设施经营性项目财税分成机制、准经营性项目财政补贴分摊机制。深化大交通管理体制改革，加强两省市交通运输管理部门和交通企业集团的沟通合作，推进交通设施一体化运营管理[①]。例如，对双城经济圈城际往返巴士实施年票制或半价优惠，推进智能交通和公交一卡通建设，统一运营服务规范和标准。推进信息领域管理体制改革，协调川渝两地通信管理局、经信委、广播电影电视局等机构，推进信息领域的资源共建共享。推进信息服务资费改革，推动经济圈内资信收费一体化。

第五节　推进以人为本的新型城镇化

准确把握成渝地区双城经济圈的特殊性，围绕国家和区域发展要求，转变“重经济、轻文化”的区域发展模式，实施体现历史人文、人本主义的城市化策略，推动以人为本的新型城镇化，注重功能布局、公共服务和公共政策协同，强化重点领域全面对接、深度融合，加快建设高品质生活宜居地，让两地人民拥有更多的获得感、幸福感、安全感。

一、以“就业、户籍、土地”区域联动推动新型城镇化

一是健全区域一体融合、城乡双向流动的就业制度。打破行政壁垒，消除就业歧视，建立双城经济圈全域范围内城乡、城际间统一规范的劳动用工制度、职业资格认证制度和就业信息跨城共享的人力资源市场体系，实现各市互认培训和鉴定结果，实行统一互惠的就业创业扶持政策，促进人才在川

① 易小光．大力推动成渝地区双城经济圈一体化发展[J]．今日重庆,2020(6):17－19.

渝两地自由流动。川渝共商建立人才特区政策，合力吸引国内外高端人才，在经济圈内统筹使用。

二是推进户籍及住房保障一体化。重庆主城都市区、成都都市圈率先作为试点开展户籍准入年限同城化累积互认，逐步拓展实现双城经济圈内户口通迁、居住证互认，彻底消除城乡间和区域间户籍壁垒，统筹推进本地人口和外来人口市民化，促进人口有序流动、合理分布和社会融合。尊重市场规则，消除地方租、购房行政壁垒，推进购房和公共租赁房在成渝地区双城经济圈内完全开放，推进住房公积金异地购房互贷。

三是建立与人口流动方向一致的土地供应制度。统筹成渝地区双城经济圈内的土地指标调配，结合人口流动趋势和规模，增加人口持续增长的核心城市、节点城市的土地供应。完善城乡建设用地增减挂钩政策，建立健全城镇低效用地再开发激励约束机制和存量建设用地退出机制，提高土地资源要素配置效能和节约集约利用水平。深化农村土地制度改革，鼓励农村集体和农民通过自主经营、合作经营、委托经营等方式盘活闲置宅基地和闲置住宅，依法依规发展农家乐、乡村民宿、乡村旅游等。

二、深化一体化发展和大中小城市互补发展

一是推动成渝两大现代化都市区（圈）一体化协调发展。加快推动重庆主城都市区和成都都市圈建设，以轨道上的都市圈和公共服务一体化的都市区建设为突破点，提升两大都市圈的同城化水平。加强两大都市圈之间的联动发展，建立城际间重大事项协调推进、重大项目工商共建机制，探索协同治理新模式。

二是推动中心城市功能向周边城镇梯度疏解。聚焦国际化、绿色化、智能化、人文化，加快完善、提升重庆和成都两大国家中心城市功能。推动重庆主城和成都非核心功能沿轴带向周边城市（镇）疏散，建立大中小城市功能分工明确、互补支撑的城市发展体系。加快培育万州、黔江、绵阳、乐山、南充、泸州、宜宾等次级城市和节点城市，打造沿江生态型城市带、

成德绵乐城市带，带动沿线城镇协同发展。

三、建设充满魅力的文化型成渝地区双城经济圈

一是联合保护区域文化遗产。川渝两地共同推进区域特色文化、中华优秀传统文化传承发展，加强重点文物、古建筑及川剧变脸、川江号子、梁平木版年画等非物质文化遗产保护合作交流，联合开展考古研究和重大文化遗产保护，推进成渝地区双城经济圈文化遗产连线成片保护利用，共同打造巴渝文化区域品牌。

二是共同打造西部文化高地。协同推动成渝地区博物馆、文化馆、美术馆、图书馆等文化设施建设，推进“文化+互联网”结合，建设区域统一的公共数字文化服务平台，实现文化资源线上线下互联互通和共享共用。共同挖掘两地共有历史文化、抗战文化、红色文化、民俗民间文化等，协同推动巴蜀文艺原创生产、影视基地和演艺集群建设，强化文艺经典作品创作和文化产业培育。联合打造一批国际性、区域性的文化品牌赛事，提升巴渝文化在国际上的影响力。

四、推动公共服务更加便利、互惠、共享

一是推动教育卫生服务共享。教育方面，共同争取国内外一流高校院所在成渝地区设立分校分所或联合办学，深化两地联合办学，互相扩大普通高校招生来源计划名额，以名校为核心建立智慧型成渝教育联合体，促进优势教育资源共享共用。医疗卫生方面，加快建立川渝医疗卫生专家库，加强专家互派。统筹规划建设区域性医疗中心、医学救助中心和应急救援中心，品牌化发展一批医联体，建立传染病公共卫生事件处置合作机制，合力增强医疗应急救治能力。

二是推动社会保障一体化。推动两地养老保险关系转移接续、基本医疗保险异地就医联网结算、进城务工人员随迁子女就学、文化体育等公共设施共享。继续优化异地就医备案工作流程。探索工伤调查协作机制。推进养老

护理培训认证结果互认。鼓励联建或跨市共建养老服务机构。

三是推动公共事务协同治理。健全成渝地区双城经济圈重大灾害事故联防联控机制，加强川渝两地跨地区、跨部门的信息共享、业务协同、应急演练，推进防灾减灾救灾一体化、协同化。加强成渝地区灾害性天气和极端气候事件预报预警和实时监测分析，完善气象灾害预警信息发布体系。推动建立、健全涉及国家安全、医疗卫生、反恐防暴、社会政治稳定方面的情报互通共享和线索核查机制。

第六节　推进区域整体治理

突破各自为政的单体城市行政思维，强化区域意识，推进一体化整体治理，是区域一体化高质量运行和发展的必然要求。随着城市群成为我国高质量发展的核心空间载体，跨行政区的区域一体治理成为落实中央推动国家治理体系和治理能力现代化的客观要求。当前，成渝地区双城经济圈整体还处在单体城市的碎片化治理阶段，需要加快推动行政区治理模式转向区域整体治理、系统治理模式，利用大数据等技术手段，两地协同推进成渝地区双城经济圈现代化治理，提升区域整体治理效能，为成渝地区双城经济圈高质量一体化发展提供治理保障。

一、树立和坚持以“实际管理服务人口”为导向的治理理念

随着成渝地区吸引力逐渐提升，以重庆主城、成都为核心承载地，来成渝地区双城经济圈商务旅游、就医疗养等短期驻留的人口规模越来越大、人力流动频度越来越高，成渝地区实际管理服务人口规模在不断增加。鉴于这一客观事实，必须要加快转变人口治理思维，借鉴北京、上海、广州等超大城市治理经验，在常住人口基础上考虑半年以下暂住人口、跨市域通勤人口、短期商务旅游和探亲访友等流动人口需求，探索根据“实际管理服务人口”

规模，按照合理的弹性比例，规划配置成渝地区双城经济圈交通、能源、应急救援等基础设施和医院、文化、体育等公共服务设施，强化应急战略物资储备。

二、打破行政分割，深化整体治理

一是推进采取跨行政区、大中小城市分层协同、城乡联动的成渝地区双城经济圈整体性治理模式。成渝地区双城经济圈一体化发展必须打破行政分割壁垒，以“全域统筹、整体推动”的思路实现一体化治理。加快建立大中小城市分层协同的公共服务配置机制，继续强化重庆主城、成都的高层级公共服务设施布局，增强“双核”城市在成渝地区双城经济圈及西部地区的高水平公共服务供给能力。特别是发挥成渝地区作为国家战略大后方作用，两地协同争取国家支持，在川渝超前谋划建设国家级医学中心、战略物资储备中心、应急后援保障中心等。与此同时，推动长寿、涪陵、万州、泸州、南充等大中城市适度、超前布局区域性公共服务设施，增强小城市的本地公共服务能力和水平。强化城际制度对接和公共事务协同治理，推动成渝地区公共安全、环境保护等领域的城际间、部门间制度对接，深化区域公共事务的常态化联合治理。结合乡村振兴战略补齐农村公共服务和治理体系短板，加大乡村公共卫生体系、应急管理体系建设投入力度，提升农村基层医疗卫生资源配置规模和质量，建立健全乡村突发公共卫生事件应急机制和医疗物资储备等应急物资保障机制。

二是加快推进毗邻地区治理一体化。树立川渝毗邻地区整体化治理思维，以渝东北地区—川东北地区、渝西地区—川东地区为重点区域，先行先试推进一体化治理体制机制创新，将毗邻地区打造成为成渝地区双城经济圈一体化治理先行区和示范区。聚焦重点领域，构建毗邻地区一体化治理格局，加快开通毗邻公交，增强川渝毗邻地区互联互通能力；推动毗邻地区教育医疗等公共服务优质资源相互延伸，共享共用，探索建立跨行政区域的学校、医院等功能性服务设施。推进社会治理一体化，拓展区域网格化建设，强化治安、司法等社会治理领域的联动联勤联管联办。统筹规划毗邻区域生态保护、应急管理等功能设施布局和联动治理。创新毗邻地区一体化治理的财税机制，探索推动万州—达州—开州、大足—荣昌—永川—资阳—泸州、合川—潼南—广安—遂宁等毗邻地区组块建立区域性财政同盟，实施和采用统一财政规则和一体化操作框架，统筹财权事权，推进财税资金区域性统收统支，兼顾区域一体化治理的财税保障，并适时将经验推广至成渝地区双城经济圈全域。

三、推进智慧城市大数据优势转为现代治理效能

加快成渝地区智慧城市建设和联动，切实增强区域治理智能化水平，提高治理联动性、预见性、精准性、高效性。一方面，要强化智慧设施布局。统筹考虑公安、交通、环保、城管、民生等各领域需求，加快部署5G、人工智能、物联网等新型基础设施，补齐基层社区的智慧设施、智慧系统布局短板，全面推动成渝地区基础设施智能化升级，强化数据实时采集能力，夯实城市数据化治理“硬基础”。另一方面，要推动跨城际跨部门数据互通共享。协同推动以重庆主城、成都两大中心城市为主核，以支点节点城市为次核，主次核紧密联通的“城市大脑”建设，加快统一成渝地区城际间、部门间的数据接口标准、数据管理规范，推动数据资源在成渝地区跨行政层级、跨城市区域、跨部门系统的开放共享和交互联动利用，消除数据孤岛，提升区域治理的协调联动、精准施策水平，推动大数据优势转化为区域治理效能。

第七节　推动生态环境联防联治和绿色发展

坚持生态保护优先、绿色发展理念，贯彻“共抓大保护、不搞大开发”方针，行政手段、法治手段与市场手段相结合，共同推进生态空间共建、生态保护联治，筑牢长江上游重要生态屏障，夯实长江经济带上游绿色发展底色，共唱新时代“长江之歌”。

一、建立健全生态安全协同保护机制

一是提高重点生态空间质量。强化龙门山、龙泉山、华蓥山、缙云山、中梁山等重要生态功能区建设，加大对自然保护区、风景名胜区、森林公园、重要水源地、重要湿地等生态空间保护，探索构建以国家公园为主的自然保护地体系，确保生态空间面积不减少、生态产品质量有提高。

二是加强跨界河流联防联控联治。统筹重点流域和湖泊点源、面源污染防治和河湖生态修复，实施重要水源地保护、水土保持、农业面源污染治理等工程，开展流域污染治理省际合作试点工作，探索建立河流监测信息共享机制和上下游河长联动机制，构建以长江干流、岷江、大渡河、沱江、涪江、嘉陵江、渠江、乌江、赤水河为主体的生态廊道。

三是健全生态环境协同治理机制。统一区域内生态环境保护规划、标准、监测和执法体系，加强大气重污染天气联合预警预报工作、土壤和固体废物污染联防联治，健全森林防火等突发环境事件联动执法能力，以两地跨界、交界环境监管“死角”为重点区域实施生态保护空间联合管控，深化工业污染、入江（河）排污口等风险点协同管理。

四是启动建设成渝地区双城经济圈生态环境保护协作区。以服务长江上游生态环境保护与修复为目标，以涪江、嘉陵江、渠江、赤水河等跨省生态补偿机制为先导，推动成渝地区干支河流上中下游积极探索污染赔偿机制试点，建立健全跨流域水质考核以及开发地区、受益地区与保护地区污染赔偿、生态补偿标准体系。

二、共同建立绿色生产生活方式

一是合力推动产业生态化。强化规划环评会商机制，对可能造成跨区域环境影响的规划开展环境影响评价会商活动，从规划源头上控制环境污染破坏。完善长江干支流域产业准入负面清单，优化沿岸产业布局，坚决搬迁高污染企业。推动开展国家级新区、产业园区评估、集群化治理、循环化改造，加快企业绿色化升级步伐，共同推广绿色设计示范企业、绿色示范园区、绿色示范工厂试点经验①。加强“散乱污”企业及集群综合整治，推进企业进园区工作，防止污染产业的梯度转移。

二是探索生态产业化机制。深入挖掘利用川渝地区自然生态资源，在生态“零损伤”基础上推进生态资源绿色利用，适度高效开发优质生态教育、游憩休闲、健康养生养老等生态服务产品，推动自然资源生态价值切实转化成经济价值的增值。做大“环保红利”，加强重大环保项目科研合作，大力发展节能环保技术咨询、系统设计、设备制造、工程施工、运营管理等生态环保产业。加大政府购买环保服务的力度，推进环境污染第三方监测、第三方治理规模化运营，培育环境保护服务市场。

三是探索建立绿色基金。共同设立绿色发展引导基金、绿色产业发展基金、绿色担保基金、气候基金等绿色基金，丰富绿色发展融资方式，重点支持生态修复、污染治理、绿色产业发展。

四是共同推进绿色新型城镇化。修复、维护城市（镇）自然生态系统，优化乡村田园生态系统，有效扩大城乡生态产品供给。推进“无废城市”试点建设，严格执行绿色建筑设计、施工、运行管理标准，推动超低能耗建筑规模化发展。加强对生活垃圾、生活废水、废气治理等领域环境污染管控，制定垃圾强制分类和减量化制度，着力提高城乡污水处理能力，加快完善餐饮、物流等高污染服务业环境标准，有效遏制城镇生活环境污染。

第八节　完善国际国内合作交流机制

瞄准改革开放新高地目标，立足服务国家战略，共享对内对外开放空间，加快完善全方位的开放通道和合作机制，不断塑造内陆开放高地的竞争新优

① 刘峥延，毛显强，江河．“十四五”时期生态环境保护重点方向和任务研究[J]．中国环境管理，2019，11(3)：40－45.

势，整体提升成渝地区双城经济圈的国际化水平，努力成为共建“一带一路”、西部大开发、长江经济带发展的战略支撑，更好地服务国家双循环新发展格局。

一、完善共建“一带一路”国际合作机制

一是共建国际物流大通道。统筹东西南北四个方向、铁公水空四种方式、人流物流资金流信息流四类要素，创造更加便利的物流条件，大幅降低国际物流成本，构建内陆国际物流枢纽。围绕长江经济带建设，打造通江达海、首尾相连的东向国际开放大通道。合力完善西部陆海新通道，整合优化西部开放口岸功能，建设西部陆海新通道物流与运营组织中心，共塑面向东南亚、南亚开放新局面。强化中欧班列品牌建设，布局德国、俄罗斯等国外集散分拨点，进一步优化运营及运输产品结构，拓展完善国际旅游、国际邮件等功能，打造内陆地区连接丝绸之路经济带的西向国际贸易大通道。围绕中蒙俄经济走廊建设打造成渝地区双城经济圈向北开放大通道。

二是加强“一带一路”沿线产业合作。鼓励走出去，围绕“一带一路”沿线国家市场需求，重点加强物流、贸易等领域合作，积极拓展“一对一”产业领域，在“一带一路”沿线区域共建产业园区、物流中心、保税仓库等平台。坚持引进来，共享自贸试验区、中新（重庆）战略性互联互通示范项目等开放平台，完善国际投资自由化便利化机制，推动中新、中德、中韩、中以等合作全面升级。

三是推动自贸试验区协同开放。鼓励自贸区企业在园区开发、运营管理、产业升级等方面进行市场化交流合作。加强双方通关通检、认证认可、标准计量等交流，共同优化通关通检流程，积极开展贸易供应链安全与便利合作，共建自贸试验区协同改革先行区和内陆与沿海沿边沿江协同开放示范区①。

四是提高口岸服务效率。合力优化国际化开放环境，并通过推进口岸物

① 陈瑜．川渝合作将更深更实更宽广　15 个方案亮点多多值得期待[N]．重庆商报，2019－07－12.

流降本增效、行政事项精准放权、压缩整体通关时间、提升信息化水平等方式开拓国际贸易市场，促进外贸优化升级。

二、健全、引领新一轮西部大开发和长江经济带发展的国内合作机制

一是协同西部各省构建多式联运物流通道新格局。依托两江新区、天府新区等国家级平台，整合西部各省资源，建设多式联运物流枢纽，统筹建立跨省份、跨部门、跨口岸协调机制，组建区域性国际物流公司，细化运营平台、运输通道、物流设施等领域利益分享机制，协同完善西部陆海新通道与沿线区域经济融合发展支持政策，共同发展枢纽经济、口岸经济等业态，构建多式联运物流通道新格局。

二是加强与毗邻地区及长江中游、长三角城市群合作。加快推动长江上下游区域一体化发展，优化沿江城镇和产业布局，加强长江黄金水道及沿江港口、高铁和高速公路联动建设，探索共建合作园区等飞地经济模式，共同拓展发展空间，有效承接产业转移和人口回流。加强与丝绸之路经济带和关中—天水地区、与黔中、滇中和北部湾城市群的合作，构建成渝与西安、兰州、昆明、贵阳、南宁之间的多向通道，增强辐射带动力。

三是探索毗邻地区协同发展新机制。成立成渝地区双城经济圈一体化发展毗邻地区合作联盟，在产业发展、基础设施、环境保护、公共服务等领域深化合作，探索推行公积金互转互认、医保异地结算、养老保险转移接续和劳动力、资本、技术等生产要素资源跨区域配置。深入推进川渝合作示范区（潼南、广安、合江片区）建设和达（州）万（州）一体化发展，率先建成成渝地区双城经济圈一体化发展示范区。健全成渝轴线区（市、县）协同发展合作机制，推动泸内荣永等重点区域协同发展，共建成渝地区双城经济圈中部省际产业合作示范区。

四是健全成渝地区双城经济圈内部交流协作机制。优化政府合作和商会协作，共同提升智博会、中新金融峰会、西博会、西洽会等川渝重大展会活

动影响力，聚焦汽车、电子信息、装备制造、消费品工业等区域优势产业集群发展，联合策划举办一批国家级、世界级展会活动，以会展进一步畅通区域产业链，提升成渝产业发展影响力。整合两地学术资源，共同打造川渝合作品牌论坛，共同谋划成渝地区双城经济圈发展全球论坛，每年出台成渝地区双城经济圈一体化发展白皮书。鼓励两地企业以相互参股的方式发起、设立专项产业发展基金，设立跨区域的要素交易平台，实现产业与资本高效对接。双方共同拓宽人才培养合作领域，在业务培训、队伍建设及人才交流等方面开展合作。建立和完善成渝两地领导干部交流、轮岗和挂职机制，实现干部交流常态化、制度化。

第十二章　推动成渝地区双城经济圈一体化发展的政策建议

推动成渝地区双城经济圈建设是川渝两地共同的重大责任和重要使命，需要加速构建起高效、有力、务实的政策保障体系，确保国家战略意图、战略使命和重点任务在成渝地区加快落地见效。

第一节　牢固树立“一盘棋”发展思想

党的十八大以来，习近平总书记多次对四川、重庆工作发表重要讲话，从战略和全局高度为新时代四川和重庆发展导航定向、赋予新的重大使命，也为进一步深化两地交流合作提供了根本遵循。川渝两地同处“一带一路”和长江经济带的联结点上，是西部大开发的重要战略支点，在国家发展大局中具有重要战略地位。川渝两地要牢固树立“一盘棋”发展思想，坚决贯彻落实习近平总书记重要指示精神，更加注重政策协同，携手融入共建“一带一路”倡议、长江经济带发展、新一轮西部大开发、西部陆海新通道等国家战略，深化对外开放开发合作，不断拓展区域合作领域、丰富合作内涵、完善合作机制。要秉持整体发展思维，把成渝地区双城经济圈作为一个整体、一个经济系统来谋划分工、思考合作。在中央顶层设计和有关部门指导下，按照“统一谋划、一体部署、相互协作、共同实施”的要求，从川渝两地、成都和重庆两个国家中心城市、成渝地区双城经济圈内其他兄弟城市三个层面开展统筹协调工作，推动各项目标任务落到实处。

第二节　逐步强化一体化舆论宣传

成渝两地山水相连、人文相近、民俗相通，兄弟一家亲。营造良好舆论环境，夯实合作的民心基础，对于推动成渝地区双城经济圈建设具有重要意义。一是加强宣传力度。利用川渝两地党报媒体平台推出系列专题报道，突出宣传推动成渝地区双城经济圈建设的重要意义、重大举措和发展成果，准确解读顶层设计和相关配套政策，增强公众对成渝地区双城经济圈的认同感、满意度和向心力。及时总结、推广两地合作发展过程中的好经验、好做法，为川渝两地各级政企深化合作提供示范、积累经验。二是扩大社会参与。建立成渝地区双城经济圈智库联盟。引导各类市场主体积极参与双城经济圈建设，注重发挥川渝两地专业协会、产业联盟等作用，充分激发市场主体活力和社会创造力。建立第三方评估机制，畅通公众意见反馈渠道，主动接受社会监督，及时回应社会关切，形成全社会关心、支持和主动参与成渝地区双城经济圈建设的良好氛围。三是深化人文交流。搭建川渝两地多方参与的人文交流平台，在科教文卫、旅游体育等领域广泛开展人文交流合作，鼓励丰富多样的民间文化交往，提升区域竞争软实力。

第三节　加快夯实“一网通”人才保障

人才“一网通”是整合区域间人才资源的重大战略举措，是解决成渝地区内部发展不平衡、不充分问题的强有力抓手，更是促进区域经济提升拓展、产业结构升级提质的重要推动力。加强川渝两地人才一体化建设，需要全盘考虑，从两地经济社会发展的现实需要和人才队伍的实际情况出发，加强人才制度衔接，鼓励人才柔性流动，推动川渝两地人才共建共享工作制度化、规范化。成渝两地合作建立成渝地区双城经济圈人才信息库，包括海外人才信息库、高端复合型人才信息库、各级各类专业人才信息库、大学毕业生信息库等。合作建立成渝地区双城经济圈用人单位需求库，根据用人单位的职位需求，及时发布和调整人才市场供求信息，同时根据市场变化情况，定期发布、调整、完善紧缺、急需人才目录表。合作建立招才引智信息平台，发挥好重庆英才大会等人才交流平台作用，使人才信息资源覆盖成渝地区双城经济圈所有区域。推动川渝两地加强高校、研究机构间的合作，完善和强化科研环境作用和经费支持。探索在成渝地区设立西部科学院，打造国内一流乃至具有国际影响力的基础科研平台。合作共建统一的成渝地区人才培训基地、大学生及企业技能人才实习实训中试基地，加强川渝两地人才培训协作力度。坚持重业绩、重能力用人原则，探索制定统一的人才评价考核标准，不搞内外有别、不厚此薄彼。积极推动川渝两地人才在专业技术资格、职业资格等方面的互认制度的实施，对积极参与川渝两地人才交流合作的给予支持和鼓励，在人员配置、职称评定、经费保障等方面给予相应的政策倾斜或物质奖励，鼓励川渝两地人才合理、有序流动。

第四节　积极探索经济区与行政区适度分离改革

积极探索经济区与行政区适度分离改革，可以在一定程度上破除制约一体化发展的行政壁垒，促进规划制度统一、发展模式共推、治理方式一致、区域市场联动的经济一体化建设，推动要素实现自由流动和合理配置。特别在“利益共享”理念指导下，通过制度层面设计利益分享机制和共同推动区域发展机制，将进一步完善一体化发展的动力机制、运行机制、分享机制，有效增强跨行政区之间共谋发展的内生动力，逐步实现组织成本、交易成本之间的平衡，推动效率最大化。具体来说，在推动经济区与行政区适度分离过程中，建立互利共赢利益分享机制是首要需要解决的制度性问题，主要体现在规划精准对接、设施互联互通、产业互补协作、财税利益分享、公共服务共享、生态共保共治、土地市场统一、科技创新协同、政务一体互认等领域。要争取国家支持，设立国家级跨区域发展平台，赋予推进行政管理体制和经济管理体制综合改革权限，探索建立互利共赢的税收分享机制等改革举措。

附件

成渝地区一体化发展演变历史脉络

以重庆主城都市区和成都为中心的巴蜀大地山水相连，地缘相亲，自公元前316年秦王朝一统巴蜀以来，川渝两地民俗文化相互渗透、融合。“关起巫山峡，巴蜀是一家”，郭沫若先生的这一诗句形象生动地描述了川渝“你中有我，我中有你”的千年历史渊源。虽然川渝地区行政区划在历史上被多次调整，但文化同源始终是成渝地区协同发展的强力黏合剂和无形纽带。本文拟通过对新中国成立以来川渝一体化发展演变的时间脉络梳理，深化对成渝地区双城经济圈建设“从何处来”的认识，以便更好地思索“向何处行”。

一、新中国成立至重庆直辖前

这段时间，重庆和四川的行政关系经历了从并行分治转向辖属同治的历史演变。

（一）短暂的并行分治阶段（1949—1953年）

1949年新中国成立后，重庆市人民政府和四川省人民政府先后于1949年12月11日和1952年9月1日正式成立[①]。1950年7月，中共中央西南局在重

① 1949年12月27日，南北两线人民解放军会师成都，四川省会成都解放。1949年12月31日，成立中国人民解放军成都市军事管制委员会，标志国民党四川省政府对四川统治的结束。1950年1月，中央人民政府决定撤销四川省，划分为川东行署、川西行署、川南行署、川北行署4个省级行政区。

庆成立大行政区政府——西南军政委员会[①]，重庆从中央直辖市变为西南局大行政区直辖市[②]。1953 年 1 月，按照中央要求，西南军政委员会改为西南行政委员会，重庆也于同年 3 月改为由西南行政委员会代管的中央直辖市。这一时期，重庆先后作为中共中央西南局、西南军政委员会、西南行政委员会以及西南军区的驻在地，是整个西南地区的政治、经济、军事、文化和社会中心。

（二）重庆并入四川两地合治阶段（1954—1996 年）

基于加强中央集中统一领导、提高组织工作效率的考虑，1954 年 6 月 19 日，中央人民政府委员会第 32 次会议通过《关于撤销大区一级行政机构和合并若干省、市建制的决定》（简称《决定》），根据此《决定》，西南大区等六个大区一级机构被撤销，重庆并入四川省建制，成为四川省辖市。但鉴于重庆重要的政治、经济地位，1954—1958 年、1964—1967 年、1983—1996 年，重庆先后三次计划单列，接受中央政府和四川省政府双重领导，川渝成为一个命运共同体，“川渝一家”成为全国共识。

二、重庆直辖至党的十八大召开

1997 年重庆直辖，标识川渝两地开始分治。这段时间，川渝两地的关系特点体现为在竞争中寻求合作，以竞争为主。一方面，两地行政分家，地区间竞争逐渐激烈；另一方面，由于两地一衣带水的地理邻近性和长期积淀的文化亲缘性，两地存在割不断的地域联系，也在国家层面的大力支持下积极推动区域合作。

---

① 新中国成立初期，为巩固新生人民政权，中央人民政府决定实行“大区”制，全国被划分为东北、华北、华东、中南、西北、西南六大行政区，实行党政军一体化管理。中共中央西南局是中共中央在西南地区的代表机关，西南军政委员会是中共中央西南局政府，管辖重庆直辖市，云南、贵州、西康 3 个省，川东、川西、川南、川北 4 个行署区以及西藏。

② 唐润明．重庆市版图之历史变迁（二）——西南大区时期的重庆行政区划（1949—1954 年）[J]．红岩春秋，2017(2)：10－11.

（一）川渝合作概念萌芽和省（市）自行探索阶段（1997—2004 年）

1997 年重庆直辖之际，就有专家提出“独立了不要分家”，建议成渝之间保持紧密联系①，可以说川渝两地合作的念头在分治那一刻就已经萌芽了，国家层面也大力倡导两地加强合作。1999 年，党的十五届四中全会正式提出西部大开发战略，对成渝两市、川渝两地提出密切合作要求。2001 年，川渝签署《重庆—成都经济合作会谈纪要》，明确提出要携手打造“成渝经济走廊”。2003 年，中国科学院地理科学与资源研究所的研究报告《中国西部大开发重点区域规划前期研究》中提出，“要积极构建以成渝两大都市为中心、各级中心城市相互联系和合作的中国西部最大的双核城市群，形成西部大开发的最大战略支撑点、西部地区人口、产业、信息、科技和文化等集聚中心、长江上游经济带的核心”，在国家层面报告中首次探讨“成渝城市群”概念②。同年，国家发展改革委宏观研究院的研究报告《协调空间开发秩序和调整空间结构研究》建议，“加快整合成渝地区，使成都、重庆两大增长极转化整合成一条巨大的增长轴，并使此增长轴具有两个单增长极所不具有的功能”。2004 年，国务院西部开发办规划组在《中国西部大开发中重点经济带研究》中指出：“长江上游经济带的空间布局特征是‘蝌蚪型经济带’，区域中心是成渝经济区”，首次提出“成渝经济区”概念。同年，四川、重庆分别成立成渝经济区区域合作领导小组，决定每年进行一次高层次互访，共同召开合作论坛和区市县长联席会议③，推动毗邻地区合作试点工作。两省（市）政府签订了“1 + 6”协议，标识着川渝合作正式纳入两省（市）决策层的议事日程，从概念研究探讨进入地方实质实践探索。

---

① 潘旭明，吴雪晖．比较优势、圈层结构与成渝经济区的协调发展[J]．宏观经济研究，2011(8)：72 - 79.

② 梁现瑞．川渝合作进行时　十四载梦终成真[N]．四川日报，2011 - 03 - 03(006).

③ 邓灼．双城记——竞合中的成都与重庆[J]．四川党的建设(城市版)，2011(4)：26 - 28.

专栏附－1 2004 年川渝签署“1＋6”合作协议

“1”是指《关于加强川渝经济社会领域合作共谋长江上游经济区发展的框架协议》。

“6”是指 6 项专项合作协议，分别是：《关于共同推进川渝两省市重大交通能源基础设施项目建设的合作协议》《关于加强川渝两省市文化合作共谋文化发展的协议》《关于农业和农村经济合作的协议》《关于进一步加强川渝两省市公安机关警务联勤工作的协议》《关于共同推进川渝两省市广播电视事业产业发展的合作协议》《关于加强川渝两省市旅游合作的协议》。

（二）川渝合作正式进入国家战略视野（2005—2012 年）

在国家相关部门、川渝两省（市）及学者和研究机构的共同倡导、呼吁下，川渝合作进入国家关注和大力推动阶段。2005 年，国务院发展研究中心在《“十一五”时期我国地区经济发展的思路和对策》中明确成渝地区发展方向和重点，并提出建设以成都、重庆两大城市为中心的双核城市群。同年 9 月，受国家发展改革委委托，川渝两地数十位专家协力完成《共建繁荣：成渝经济区发展思路研究》，这是国家首次对成渝经济区开展的专题研究①。同年 10 月，国家发展改革委将成渝经济区纳入了国家“十一五”前期规划，成渝经济区首次进入中央政府视野。2006 年，国务院常务会议审议并通过的《西部大开发“十一五”规划》明确提出要重点发展成渝经济区。2007 年，重庆市党政代表团赴四川省考察，双方签署《关于推进川渝合作共建成渝经济区的协议》，确立了经济区范围和川渝联合与协作的总体框架，并宣告双方将携手打造中国“第四极”增长极。2008 年，国家发展改革委牵头成立《成渝经济区区域规划》编制协调指导小组和规划编制工作组。同年，川渝两省（市）签署《关于深化川渝经济合作框架协议》，川渝合作进一步深化②。

① 钟华林，喻剑．成渝经济区：西部经济新“引擎”[N]．经济日报，2011－04－20(011)．

② 余兴厚，姜鑫．成渝经济区区域公共治理研究[M]．北京：科学出版社，2016．

2009年，国家发展改革委着手组织编制《成渝经济区区域规划》。2010年，《国家主体功能区规划》提出成渝地区是重点开发区域。同年12月，《成渝经济区区域规划》上报国务院审批。2011年，国务院常务会议正式同意批复《成渝经济区区域规划》，标志着成渝地区合作迈入借助国家力量推动的快速发展阶段。

三、党的十八大以来

党的十八大以来，随着国家区域协调发展战略的深化实施，以及新时代国家加快构建以国内大循环为主体、国内国际双循环相互促进的新发展格局，城市群作为我国新型城镇化的主要形态和国家高质量发展、双循环新发展格局下构建的核心空间载体，得到空前重视。成渝地区作为西部地区重要发展极和国家重要的战略大后方，在国家战略体系中的相对地位不断提升，川渝相向发展、一体发展的愿望更加迫切，步履更加坚实有力。

（一）成渝城市群建设阶段（2014—2019年）

2014年，《国家新型城镇化规划（2014—2020年）》提出“加快培育成渝、中原、长江中游、哈长等城市群，使之成为推动国土空间均衡开放、引领区域经济发展的重要增长极”。川渝两地积极行动，两省（市）人民政府于2015年联合签署《关于加强两省市合作共筑成渝城市群工作备忘录》，明确交通、信息、市场、环保、产业和公共服务等6个方面的一体化进程任务。2016年，国务院正式同意批复《成渝城市群发展规划》，要求成渝城市群要“以建设具有国际竞争力的国家级城市群为目标”，该规划的公布实施标识着成渝地区协同发展从终于关注经济协同的成渝经济区阶段进入到强调城际经济、社会、生态等全领域分工互补的成渝城市群新阶段。2018年，中共中央、国务院发布的《关于建立更加有效的区域协调发展新机制的意见》中明确要求以重庆、成都为中心，引领成渝城市群发展，带动相关板块融合发展。国家发展改革委在发布的《2019年新型城镇化建设重点任务》中明确提出，“扎实开展成渝城市群发展规划实施情况跟踪评估，研究提出支持成渝城市群高质量发展的政策举措，培育形成新的重要增长极。”可见，国家对成渝城市群发展的重视程度在不断提升。《成渝城市群发展规划》出台后，川渝两地互动更加频繁，省际高层协商等内部协作机制加快完善。2016 年 6 月、2018 年 6 月，四川省党政代表团两次赴重庆学习考察，分别签署了“1 + 10”合作协议、“1 + 12”行动计划和专项合作协议。2019 年 7 月，重庆党政代表团来川考察期间，川渝两地签署了“2 + 16”共 18 个协议（方案）。此外，成渝城市群与长江上游周边省（市）的联动发展也在显著加快。2016 年，川滇黔渝四省（市）签署《关于建立长江上游地区省际协商合作机制的协议》，弥补了长期以来长江上游地区省际协商合作机制的空白。2017 年，首届长江上游地区省际协商合作联席会议在重庆召开，会议审议通过了《长江上游地区省际协商合作机制实施细则》，四省（市）政府商定了生态环境联防联控、基础设施互联互通、公共服务共建共享等领域的深度合作，签订了年度重点工作方案（见附表 -1）。

附表 -1　党的十八大以来成渝城市群内部协作机制概览

	省（市）级层面	市（区、县）级层面
（一）综合领域		
	2015 年 5 月，重庆、四川党政代表团合作交流会上签订了《关于加强两省市合作共筑成渝城市群工作备忘录》，明确两地将在六个方面加强合作，推动交通、信息和市场三个一体化，联手规划打造都市消费品、石油天然气化工、特色资源加工三大产业走廊。 2016 年 6 月，四川省党政代表团赴重庆学习考察，双方签订“1 + 10”合作协议。“1”是《深化川渝务实合作 2016 年重点工作方案》，“10”是 10 个系列协议，分别是《进一步加强应急管理合作协议》《工业和信息化合作协议》《合作共建产业园区协议》《共同推动两地人力资源社会保障公共服务互助发展合作协议》《川剧发展及石窟保护合作协议》《区域食品药品安全稽查执法合作协议》《信息通信行业监管区域合作协议》《万州达州战略合作框架协议》《渝北邻水战略合作框架协议》《共建川渝合作荣隆工业园合作框架协议》	

续表

	省（市）级层面	市（区、县）级层面
	2018年6月，重庆、四川党政代表团座谈会上签订“1＋12”行动计划和专项合作协议。“1”是1个行动计划，即《重庆市人民政府、四川省人民政府深化川渝合作深入推动长江经济带发展行动计划（2018—2022年）》；“12”指11个方面的12个专项合作协议，即《深入推进川渝合作示范区（广安片区）建设合作协议》《推动科技协调创新战略合作协议》《共同推进长江上游生态环境保护合作协议》《跨省界河流联防联控合作协议》《共建长江上游生态屏障合作协议》《共同推动市场监管合作协议》《推进区域协同发展战略合作协议》《深化基础设施互联互通和文化旅游合作协议》《推进区域协同发展战略合作协议》《推进沿江开放发展战略合作协议》《深化临空经济和车产业发展合作协议》《物流业协同发展合作协议》。 2019年7月，重庆党政代表团来川考察期间，川渝两地签署了“2＋16”共18个协议（方案）。分别是： 2个方案（协议），即《深化川渝合作推进成渝城市群一体化发展重点工作方案》《重庆市人民政府 四川省人民政府关于合作共建中新（重庆）战略性互联互通示范项目“国际陆海贸易新通道”的框架协议》； 15项专项协议：《共建合作联盟备忘录》《推进成渝城市群产业协作共兴2019年重点工作方案》《推进成渝城市群生态环境联防联治2019年重点工作方案》《推进成渝城市群交通基础设施互联互通2019年重点工作方案》《推进成渝城市群开放平台共建共享2019年重点工作方案》《推进成渝城市群无障碍旅游合作2019年重点工作方案》《推进成渝城市群市场监管体系一体化2019年重点工作方案》《深化规划和自然资源领域合作助推成渝城市群一体化发展协议》《推动乡村振兴共建巴蜀美丽乡村示范带战略合作协议》《川渝合作示范区（广安片区）2019年重点工作方案》《川渝合作示范区（潼南片区）2019年重点工作方案》《成渝轴线区（市、县）协同发展联盟2019年重点工作方案》《深化川渝合作推动泸内荣永协同发展战略合作协议》《深化达（州）万（州）一体化发展2019年重点工作方案》《共建成渝中部产业集聚示范区合作协议》； 1项战略合作协议：《深化建筑业协调发展战略合作协议》	2017年11月，渝西川东经济社会发展协作会在荣昌召开，川渝13市（区、县）签署“1＋78”合作协议。1项《渝西川东经济社会发展协作会框架协议》；《成渝中线高铁意向协议书》《环境保护合作框架协议书》《濑溪河流域水环境保护合作专项协议书》《渝西川东网信协作联席会议制度协议书》等78项双边、多边协作协议，涉交通、文化、旅游、环保、网信、商务行业或领域，是历年之最

续表

	省（市）级层面	市（区、县）级层面
（二）专项领域		
1. 生态建设	2016年12月，四川省环境保护厅与重庆市环境保护局在重庆市签订《川渝地区大气污染联合防治协议书》	2016年11月，川渝合作“两地四方”联席会在邻水召开。重庆市渝北区、长寿区、垫江县和四川省邻水县的党政负责人参会，联合发布《共建长江上游生态屏障示范区倡议书》
2. 基础设施互通	2015年12月连接重庆和成都的首条高速铁路——成渝客专建成通车	
3. 公共服务共享	2013年3月，重庆市人社局与四川省人社厅在成都签订《重庆市和四川省医疗保险异地就医合作框架协议》。同时，重庆市社保局与四川省医保局签订《重庆市和四川省医疗保险异地就医即时结算合作协议》 2015年12月，川渝两地结对开展跨省居民身份证异地受理试点工作全面启动	
4. 市场一体化	2014年，成都、重庆海关签署区域通关合作备忘录，建立区域通关合作机制	
5. 产业协作	2018年8月，四川博览事务局与重庆市商务委员会协商一致，拟在第十七届西博会期间签署《川渝加强现代会展业交流合作备忘录》	2016年10月，成都、遂宁、攀枝花、合川、潼南等15地旅游部门共同签署区域合作协议，共建成遂渝旅游黄金走廊。 2017年6月，重庆市渝北区政府、四川省达州市政府签署战略合作协议，全面拓展规划工业、商贸物流、旅游、农业、金融、科教文卫、矿产资源开发利用、人力资源八大方面的深度合作，共同打造新的“川渝合作示范区” 2017年9月，重庆两江新区与贵州贵安新区共同签署友好合作协议
6. 社会治理	2014年7月，川渝黔公安边检警务合作联席会在贵阳市召开，三省（市）公安边防总队签订了《川渝黔公安边检警务合作协议》	

（二）成渝地区双城经济圈建设阶段（2020年以来）

2020年1月，习近平总书记在中央财经委员会第六次会议明确提出，“推动成渝地区双城经济圈建设”，赋予了成渝地区双城经济圈“具有全国影响力的重要经济中心、科技创新中心、改革开放新高地、高品质生活宜居地”四大定位，标识着成渝地区双城经济圈建设上升为国家战略。成渝地区双城经济圈战略实施一年来，川渝两省（市）深入落实中央部署，川渝两地政府间联系显著加密，相向发展、一体化发展的体制机制加快建立、完善。2020 年 4 月和 7 月，川渝两地先后成立了以重庆市委书记、四川省委书记为小组长的推动成渝地区双城经济圈建设领导小组，并且依托两省（市）发展改革委，成功设立推动成渝地区双城经济圈建设联合办公室。两地政府围绕成渝地区双城经济圈交通互联互通、产业协同发展、市场一体化、协同创新、优化国土空间布局、加强生态环境保护、公共服务共建共享、社会治理协同等领域，密集召开了一批协商会议，共同制定了一系列重大政策，签订各级政府合作协议 200 余份，加上企业间、社会组织、科研院所等其他主体间协议，成渝地区 2020 年签订的协议数量近 400 项，协议数量可谓为历史之最。在政府、企业、社会团体等主体共同努力下，一年来川渝两地重点领域合作共建成效颇丰。产业协同上，2020 年 5 月，川渝两地文化旅游部门成功协同举办“巴蜀文化旅游走廊自由行”活动，互赠百万门票、互推十条精品线路，实现百万市民两地游。科研创协协同上，2020 年 8 月，两地合作共建西部科学城，两省市科技部门启动 2020 年度川渝联合实施重点研发项目申报，聚焦人工智能、大健康两大领域具有共性的关键核心技术，分别出资 1000 万元，首次联合实施重点研发项目。川渝两地 20 所高校成立成渝地区双城经济圈高校联盟，探索教师互聘互用，学生跨校培养、学分互认。交通互联互通上，潼南城区—遂宁磨溪、永川朱沱镇—泸州高铁东站等跨省城际公交线路相继开通，毗邻区域交通互联互通能力进一步增强。公共服务共建共享上，两地人社部门积极推动社保、人才管理等近 92 项人社公共服务、“重庆英才卡”与“天府英才卡”对等互认。生态共保共建上，2020 年 9 月正式组建川渝河长制联合推进办公室，聚焦跨界河流，深化联防联控。毗邻地区的区域发展功能平台加快建设，2021 年 1 月 4 日，两省（市）共建的川渝高竹新区正式获批设立，万达开川渝统筹发展示范区、遂潼一体化发展先行区、泸永江融合发展示范区等川渝毗邻地区区域发展功能、平台建设加快推进。可以说，成渝地区双城经济圈建设战略实施一年来，成渝地区协同发展取得了丰硕的阶段性成果，为以后的一体化发展开了好局，起了好步（见附表－2）。

附表－2　2020年川渝两地交流互动和签订的部分重点合作协议概览

序号	时间	活动/会议名称	签订主体	签订的协议名称及主要内容
1	2020.01.06	重庆市委常委会扩大会议	重庆市人民政府	传达学习习近平总书记在中央财经委员会第六次会议上的重要讲话精神，研究重庆市贯彻落实意见，全市各部门及区（县）与四川方面开始积极开展对接
2	2020.01.07	推进川渝合作毗邻地区一体化发展座谈会议	川渝两省（市）发展改革委	川渝两省（市）发展改革委及毗邻地区22个区（县）相关负责人参加座谈，围绕推动成渝地区双城经济圈建设以及强化战略对接协同、建立合作机制、搭建合作平台、共推重大项目等内容开展交流商议，这次会议是川渝两地首次共商毗邻地区一体化发展
3	2020.01.17	川渝两省市发展改革委第一次主任调度会	四川省发展改革委、重庆市发展改革委	会议研究了推动成渝地区双城经济圈建设第一次联席会议方案，讨论了深化川渝合作推动成渝地区双城经济圈建设工作方案、2020年重点任务清单、川渝两省（市）共同争取国家支持的重大事项清单及工作机制等文件
4	2020.02.28	两江新区、天府新区共同打造内陆开放门户第一次联席会议	两江新区管委会、天府新区管委会	会上，两江新区、天府新区初步达成了携手加强规划战略协同、携手探索内陆开放新模式、携手推进交通互联互通、携手推进产业联动发展、携手助力西部科技创新中心建设、携手深化多领域改革合作等7项共识
5	2020.03.17	推动成渝地区双城经济圈建设四川、重庆党政联席会议举行第一次视频会议	重庆市人民政府、四川省人民政府	部署共同落实成渝地区双城经济圈建设重点工作。签订《深化四川、重庆合作推动成渝地区双城经济圈建设工作方案》《推动成渝地区双城经济圈建设工作机制》《深化四川重庆合作推动成渝地区双城经济圈建设2020年重点任务》《四川重庆两省市共同争取国家支持的重大事项》等协议

续表

序号	时间	活动/会议名称	签订主体	签订的协议名称及主要内容
6	2020. 03. 27	重庆国际物流枢纽园区管委会与成都市青白江区国际铁路港管委会战略合作签约活动	重庆国际物流枢纽园区管委会、成都市青白江区国际铁路港管委会	签订《重庆国际物流枢纽园区管委会与成都市青白江区国际铁路港管委会战略合作协议》，成渝两大铁路港合作将聚焦通道口岸互联、产业招商互补、开放创新互享、机制协同互促四大领域深化合作
7	2020. 04. 01	推动成渝地区双城经济圈建设生态环境保护工作联席会议第一次会议	重庆生态环境局、四川省生态环境厅	签署《深化川渝两地大气污染联合防治协议》《危险废物跨省市转移“白名单”合作机制》《联合执法工作机制》《深化川渝两地大气污染联合防治协议》
8	2020. 04. 02	川渝两省市人力社保部门合作联席会议（云会议）	四川省人力资源和社会保障厅、重庆市人力资源和社会保障局	签订《共同推动成渝地区双城经济圈建设川渝人力资源和社会保障合作协议》，双方将就优化人力资源市场要素配置、推进公共就业创业服务协同等 7 个方面、30 项内容、41 个重点任务达成合作共识
9	2020. 04. 02	川渝两省市市场监管局推动成渝地区双城经济圈建设工作领导小组第一次会议	四川省市场监管局、重庆市市场监督管理局	签订《重庆市市场监督管理局四川省市场监督管理局深化川渝市场监管一体化合作推动成渝地区双城经济圈建设工作方案》
10	2020. 04. 10	四川省经济合作局与重庆市招商投资局座谈会	四川省经济合作局、重庆市招商投资局	签订《成渝地区产业协同招商战略合作协议》，双方将协同开展项目共引、探索促进园区共建、共同举办主题论坛、共同打造招商引资新 IP
11	2020. 04. 14	川、渝两省市科技部门战略合作签约会	四川省科技厅、重庆市科技局	签订《进一步深化川渝科技创新合作 增强协同创新发展能力共建具有全国影响力的科技创新中心框架协议》和《川渝科技资源共享合作协议》《协同推进科技成果转化专项合作协议》《科技专家库开放共享合作协议》3 个子协议，以“一城多园”模式合作共建西部科学城，全面增强科技创新协同

续表

序号	时间	活动/会议名称	签订主体	签订的协议名称及主要内容
12	2020. 04. 21	成渝地区双城经济圈人才协同发展联席会议第一次会议	四川省委组织部、重庆市委组织部	签署《成渝地区双城经济圈人才协同发展战略合作框架协议》，着力建立决策共商、资源共享、联动共建、协作共赢的人才协同发展机制，努力将成渝地区建成具有全球竞争力的高端人才集聚区、产才融合发展示范区
13	2020. 04. 22	《推动成渝地区双城经济圈建设川渝卫生健康一体化发展合作协议》签约仪式	重庆市卫生健康委、四川省卫生健康委	签订《推动成渝地区双城经济圈建设川渝卫生健康一体化发展合作协议》，在医疗服务、公共卫生、健康产业等方面进一步加强联动协作
14	2020. 04. 23	重庆两江新区与四川天府新区举行共同打造内陆开放门户第二次联席会议	重庆两江新区、四川天府新区	签订《重庆两江新区与四川天府新区战略合作协议》，携手加强规划战略协同、探索内陆开放新模式、推进交通互联互通、推进产业联动发展、助力西部科学城建设、深化多领域改革创新合作、建立两地合作机制
15	2020. 04. 24	成渝地区双城经济圈运输服务一体化发展推进会	四川省交通运输厅、重庆市交通局	签订《成渝地区双城经济圈运输服务一体化发展合作备忘录》，明确在规划政策协调统筹、道路运输、水运港口、多式联运等领域加强合作，强化行业管理协同共治
16	2020. 04. 27	《成渝地区教育协同发展行动计划》签约仪式	四川省教育厅、重庆市教委	签订《成渝地区教育协同发展行动计划》，推动两地教育资源共建共享
17	2020. 04. 29	重庆高新区、成都高新区共同推进成渝地区双城经济圈建设第二次联席会议	重庆高新区、成都高新区	签订《重庆高新区成都高新区“双区联动”共建具有全国影响力的科技创新中心战略合作协议》，共同推动建设具有全国影响力的科技创新中心
18	2020. 04. 29	四川省国资、重庆市国资委推动成渝地区双城经济圈建设领导小组第二次会议	四川省国资委、重庆市国资委	签订《四川省国资委与重庆市国资委共同促进成渝地区双城经济圈建设战略合作框架协议》及 12 个合作协议，协议明确从国资国企改革合作、搭建工作互动平台、推动营商环境优化、推进基础设施建设、产业发展、金融领域合作和国企高质量党建 7 个方面开展合作

续表

序号	时间	活动/会议名称	签订主体	签订的协议名称及主要内容
19	2020.05.13	《深化川渝合作大数据协同发展合作备忘录》签订仪式	重庆市大数据发展局、四川省大数据中心	签订《深化川渝合作大数据协同发展合作备忘录》，推动数据要素高效流通，强化大数据推动两地数字经济发展的服务能力
20	2020.05.15	重庆市司法局、四川省司法厅深化战略合作助推成渝地区双城经济圈建设联席会议	重庆市司法局、四川省司法厅	签订《重庆市司法局四川省司法厅深化战略合作协同打造“四个共同体”助推成渝地区双城经济圈建设框架协议》，协同打造区域法治共同体、法律服务共同体、监管安全共同体、法治人才共同体
21	2020.05.22	川渝两地规划自然资源及林业草原工作座谈会	重庆市林业局、四川省林业和草原局	签订《深化规划和自然资源领域合作助推成渝地区双城经济圈建设合作协议》和《筑牢长江上游重要生态屏障助推成渝地区双城经济圈建设合作协议》。双方将在国土空间规划编制、区域经济布局、筑牢长江上游重要生态屏障等方面开展深入合作
22	2020.05.23	建设成渝现代、高效、特色农业带调研座谈会	四川省农业农村厅、重庆市农业农村委	签订《建设成渝现代、高效、特色农业带战略合作框架协议》，共同推动农业生产要素高效集聚，着力建设全国农村一、二、三产业融合发展示范区、国家现代农业绿色发展先行区等，率先在西部地区实现农业农村现代化
23	2020.05.25	四川省专家服务团助力成渝地区双城经济圈建设走进内江活动	四川省专家服务中心、重庆市专家服务中心	签订《川渝专家资源共享协议》，两地将在建立川渝专家资源共享制度、开展川渝专家智力服务活动、共同争取上级部门支持方面开展相关活动、建立两地专家人才共享合作工作机制等领域深化合作，推动川渝专家资源共享和互利合作
24	2020.06.03	推动成渝地区双城经济圈建设四川重庆商务联席会议	重庆市商务委、四川省商务厅	签署《共建内陆改革开放高地战略合作协议》《推动成渝地区双城经济圈建设商务工作机制》《共建川渝自贸试验区协同开放示范区工作方案》一揽子协议。根据协议，川渝两地将协作共建重大平台、发展高水平开放型经济、深化消费促进合作、推进市场一体化建设、布局一批先行先试实施载体、合力营造国际一流营商环境

续表

序号	时间	活动/会议名称	签订主体	签订的协议名称及主要内容
25	2020. 06. 14	《重庆港务物流集团 四川省港航投资集团战略合作协议》签约仪式	重庆港务物流集团、四川省港航投资集团	根据《重庆港务物流集团 四川省港航投资集团战略合作协议》，重庆港务物流集团与四川省港航投资集团将充分发挥交通互联互通优势，优化两地物流资源，共同开发利用长江、嘉陵江、沱江等干支流水道，以果园港、万州港、宜宾港、泸州港等主要港区为节点，合力构建铁水、水水联运通道，在深化港口运营、多式联运、通道开拓、全程物流、供应链金融等方面进行广泛合作，共同打造长江上游航运中心，促进内陆开放门户和国际物流枢纽建设
26	2020. 07. 03	四川省高级人民法院和重庆市高级人民法院远程视频会议	四川省高级人民法院、重庆市高级人民法院	签订《四川、重庆法院执行工作联动协作协议》，两地法院将加强执行工作信息共享，强化异地执行统一协调指挥和协助，逐步实现川渝两地执行办案的“同城效应”
27	2020. 07. 06	川渝能源运行保障合作协议签约仪式	重庆市经济和信息化委员会、四川省经济和信息化厅	签订《能源运行保障合作协议》，强化在电力、天然气、煤炭等能源重点领域合作，共同向国家积极争取支持，着力构建清洁低碳、安全高效、多能互补、相互配合的能源运行保障体系，全力打造能源高质量发展示范区，为成渝地区双城经济圈建设提供坚实能源保障
28	2020. 07. 10	《川渝统筹发展示范区产业协作发展战略框架协议》签约仪式	万州区经信委、开州区经信委、达州市经信局	根据战略协议，万达开三地将围绕能源化工、新材料、照明电气、电子信息、汽车摩托车、智能装备、医药健康、粮油及肉制品加工等重点产业和优势产业，强化协同配套，补链强链长链，共同做大产业规模、实现产业升级
29	2020. 07. 22	《关于协同推进成渝地区双城经济圈“放管服”改革合作协议》签约仪式	四川省人民政府办公厅、重庆市人民政府办公厅	根据协议，川渝两地将在建立长效工作机制、推动政务服务标准化、加强数据共享利用、推行线下异地办理、推进线上“一网通办”、加强跨区域协同监管等七个方面加强合作，合力推动政务服务利企便民，打造一流营商环境

续表

序号	时间	活动/会议名称	签订主体	签订的协议名称及主要内容
30	2020. 07. 28	《川渝卫生健康人才一体化发展合作框架协议》签约仪式	四川省卫生健康委人才服务中心、重庆市卫生服务中心（重庆市卫生人才交流中心）	根据协议，双方主要从人才培养、考试命题、人才培训、人才交流、业务拓展五方面进行深入合作，双方将建立管理机制、定期会晤机制、信息沟通机制推动双方合作、务实、共赢。双方还将结合各自职能职责，共同探索新业务，力争在各类数据分析、人才调研和规划、国际国内各类劳务派遣等业务上实现新合作
31	2020. 08. 12	《重庆两江新区两路寸滩保税港区和成都高新综合保税区双流园区战略合作协议》签约仪式	成都高新综合保税区双流园区管理委员会、重庆两路寸滩保税港区管理委员会	根据协议，双方将在共建国家航空枢纽大通道、推动成渝自贸实验区建设、加强海关特殊监管区域建设等方面加强协作
32	2020. 09. 16	《成渝地区双城经济圈职业教育协同发展合作框架协议》签约仪式	四川省教育厅、重庆市教委	根据合作协议，双方将组建成渝地区双城经济圈职业教育协同发展工作领导小组，建立两地职业教育部门联席会议制度，成立“职业教育协同发展联盟”，合力建设成渝地区双城经济圈职业教育创新示范区
33	2020. 10. 19	《川渝地区协同推进房地产市场平稳健康发展战略合作协议》	重庆市住房城乡建委、四川省住建厅	根据协议，川渝两地将强化房地产领域的政策协同，努力在全国率先实现跨省域房地产项目的实施和房源信息共享，共同打造西部地区高品质生活宜居地
34	2020. 11. 13	长江经济带尾矿库污染防治工作会暨危险废物联防联控工作座谈会	重庆市生态环境局、四川省生态环境厅	签署《成渝地区双城经济圈“无废城市”共建合作协议》，加强成渝地区固体废物污染防治的区域协作
35	2020. 12. 30	推动成渝地区双城经济圈建设四川重庆党政联席会议举行第二次视频会议	重庆市人民政府、四川省人民政府	会议审议通过两省（市）领导联系双城经济圈建设重点项目工作机制、双城经济圈重点规划编制工作方案、双城经济圈便捷生活行动方案等

参考文献

[1]许学强,周一星,宁越敏. 城市地理学[M].2版. 高等教育出版社,2009:19-28.

[2]吴志强,李德华. 城市规划原理[M].4版. 中国建筑工业出版社,2020:3-16.

[3]王晟由. 北京都市圈居民出行特征分析及交通资源配置优化设计[D]. 北京交通大学,2018.

[4]张京祥,邹军,吴启焰等. 论都市圈地域空间的组织[J]. 城市规划,2001, 25(5):19-23.

[5]邹军,陈小卉. 城镇体系空间规划再认识——以江苏为例[J]. 城市规划, 2001(1):30-33.

[6]杨涛,杨绍峰. 强化南京的交通中心地位 促进南京都市圈生长发育[J]. 现代城市研究, 2002, 17(1):28-33.

[7]袁家冬,周筠,黄伟. 我国都市圈理论研究与规划实践中的若干误区[J]. 地理研究, 2006, 25(1):112-120.

[8]陈美玲. 城市群相关概念的研究探讨[J]. 城市发展研究, 2011(3):135-138.

[9]谢守红. 都市区、都市圈和都市带的概念界定与比较分析[J]. 城市问题, 2008(6):19-23.

[10]冯坛. 城市化区域发展中的核心城市研究[D]. 东北财经大学,2011.

[11]张鹏. 都市圈概念的新界定及相关概念辨析[J]. 内蒙古农业大学学

报:社会科学版, 2009, 11(3):106－108.

[12]闫广华. 辽宁省都市圈空间结构及其演化研究[D]. 东北师范大学, 2017.

[13]黄征学. 城市群的概念及特征分析[J]. 区域经济评论,2014,(4):141－146.

[14]毕秀晶. 长三角城市群空间演化研究[D]. 华东师范大学,2014.

[15]杨龙,米鹏举. 城市群何以成为国家治理单元[J]. 行政论坛,2020,27(1):120－129.

[16]姚士谋,周春山,王德等. 中国城市群新论[M]. 科学出版社,2016:1－20.

[17]覃成林,周姣. 城市群协调发展:内涵、概念模型与实现路径[J]. 城市发展研究,2010,17(12):7－12.

[18]于洪俊,宁越敏. 城市地理概论[M]. 安徽科学技术出版社,1983:86.

[19]卢明华,孙铁山,李国平. 网络城市研究回顾:概念、特征与发展经验[J]. 世界地理研究,2010(12):113－120.

[20]阿尔夫雷德·赫特纳. 地理学:它的历史、性质和方法[M]. 商务印书馆, 1983.

[21]胡佛杰·莱塔尼. 区域经济学导论[M]. 郭万清,译. 上海远东出版社, 1992.

[22]陈传康. 区域概念及其研究途径[J]. 中原地理研究,1986,(1):10－14.

[23]程必定. 区域经济学[M]. 安徽人民出版社, 1989.

[24]郝寿义, 安虎森. 区域经济学[M]. 经济科学出版社, 2001.

[25]安虎森. 区域经济学[M]. 经济科学出版社, 2004.

[26]吴传清. 区域经济学原理(高等学校经济学系列教材)[M]. 武汉大学出版社, 2008.

[27]孙久文. 区域经济学[M]. 首都经济贸易大学出版社, 2014.

[28]张燕,徐建华,曾刚,胡青. 中国区域发展潜力与资源环境承载力的空

间关系分析[J]. 资源科学,2009(31):1328 – 1334.

[29]赵勇,白永秀. 区域一体化视角的城市群内涵及其形成机理[J]. 重庆社会科学,2008(9):34 – 38.

[30]林森. 多层次区域发展视角下城市群一体化的思考[J]. 财经问题研究,2010(6):28 – 31.

[31]冯更新. 中部地区城市群一体化发展研究[J]. 城市,2013(1):3 – 11.

[32]邵桂花. 东北振兴与加快沈阳经济区一体化建设[J]. 沈阳干部学刊, 2005(4):22 – 25.

[33]李琳,彭宇光. 中三角城市群与长三角城市群市场一体化及影响因素比较研究[J]. 科技进步与对策,2017,34(1):25 – 30.

[34]刘宇辉, 郭希盛, 徐国斌. 武汉城市圈武鄂黄城市发展带资源空间配置研究[J]. 城市规划学刊, 2009(7):17 – 21.

[35]刘荣增. 共生理论及其在我国区域协调发展中的运用[J]. 工业技术经济, 2006, 25(3):19 – 21.

[36]马远军, 张小林. 城市群竞争与共生的时空机理分析[J]. 长江流域资源与环境, 2008, 17(1).

[37]郭树勇. 区域治理理论与中国外交定位[J]. 教学与研究,2014(12):47 – 54.

[38]孙艳. 欧盟、泛珠三角区域分工合作模式的经验及启示[J]. 经济师,2010(6):39 – 40.

[39]王再文,李刚. 区域合作的协调机制:多层治理理论与欧盟经验[J]. 当代经济管理,2009,31(9):48 – 53.

[40]卓凯,殷存毅. 区域合作的制度基础:跨界治理理论与欧盟经验[J]. 财经研究,2007(1):55 – 65.

[41]王小进,何奇频. 欧盟区域经济合作机制的经验与教训[J]. 商情(教育经济研究),2008(7):166、175.

[42]王士录. 东盟合作机制与原则改革的争论及前景[J]. 当代亚太,

2007(8):46－51.

[43]刘倩,杨刚强,江洪．国外推进区域合作的激励与协调机制[J]．宏观经济管理, 2013(6):88－89.

[44]杨淑君．东盟的建立、发展及其合作机制研究[J]．山东农业工程学院学报,2019,36(1):136－139.

[45]张蕴岭．东盟50年:在行进中探索和进步[J]．世界经济与政治, 2017(7):21－37,154－155.

[46]奚秀岩．欧盟打造矩阵竞争的优势[J]．辽宁经济, 2003(11): 89－89.

[47]李晓凯．比较东盟论欧洲联盟及其法律体系的特点[J]．华商,2008(20):84、93.

[48]胡为雄．区域性超国家组织及其诸种形式辨析[J]．湖北经济学院学报,2011, 9(4):109－115.

[49]赵少群,丁洋洋．论《东盟宪章》对东盟经济发展的影响[J]．贵州社会科学, 2013(6):156－159.

[50]陈浩．"一带一路"背景下中哈霍尔果斯国际边境合作中心发展对策研究[J]．国际经济合作,2019(3):105－112.

[51]闫亚娟．边界效应转化下的中哈霍尔果斯国际合作研究[J]．北方经贸, 2014(12):2－3.

[52]于军．中国—中东欧国家合作机制现状与完善路径[J]．国际问题研究, 2015(2):112－126.

[53]陈小卉．世界城市群发展新走向[J]．群众,2017(16):8－10.

[54]李荣欣．日本东海道城市群建设启示录[J]．前线, 2018(4): 76－78.

[55]陈小卉．世界城市群发展新走向[J]．群众, 2017(16):8－10.

[56]毕翼,孙彤．日本东海道城市群发展及其对沈阳的借鉴意义[J]．沈阳师范大学学报:社会科学版, 2010, 34(1):44－45.

[57]姚鹏. 京津冀区域发展历程、成效及协同路径[J]. 社会科学辑刊, 2019(2):127-138.

[58]唐珏岚. 长三角城市群协同发展的实践探索与政策建议[J]. 上海行政学院学报, 2020(2).

[59]刘月. 空间经济学视角下的产业协同集聚与区域经济协调发展[D]. 浙江大学, 2016.

[60]马志和. 论我国竞技体育资源的行政区分割及其战略性整合[J]. 山东体育学院学报, 2004(1):1-4.

[61]重新审视老区的区域优势[J]. 中国老区建设, 2012(5):1.

[62]张彬,谭英嘉,利敏怡."飞地模式"下的深汕特别合作区公共交通发展策略研究[J]. 城市公共交通,2020,(8):53-58.

[63]新时代高新区开展区域合作的理论与实践(下)[J]. 新材料产业, 2020,(6):61-66.

[64]Behrens K, Thisse J F. Regional economics: A new economic geography perspective[J]. Regional Science and Urban Economics, 2007, 37 (4) :457-465.

[65]Ebenezer, Howard. To-morrow :A Peaceful Path to Real Reform[J]. Routledge Abingdon Uk, 1994, 6(October):139.

[66]Geddes P. Cities in evolution[J]. London: Williams & Norgate,1915.

[68]Saarinen E. The City: Its Growth, Its Decay, Its Future[M]. New York: Reinhold Publishing Corporation, 1943.

[68]Friedmann, J. The World City Hypothesis[J]. Development and Change, 1986,17: 69-83.

[69]Meyer F. V., Balassa B., Phlips L. The Theory of Economic Integration [J]. The Economic Journal, 1962, 72(286):389.